재

회

손동완 회고록

바른북스

이 책은 기본적으로 책에 관한 것이다. 더 정확히 말하자면 내가 쓴 책(부록 1)에 관한 것인데 그 여정을 기록한 것이다. 나는 고교(2) 졸업 즈음에 그다지 큰 뜻은 품지 않은 채 문과대로 진학한다. 그 후에 학부/ 석사과정/ 박사과정 을 거치고 그 선상에서 평생 학문을 연구하는 생활을 하게 된다. 문학 철학을 지나고 역사 공부(부록 2)로 들어서서 2018년이 지나면서 일련의 책이 나오기 시작한다. 역사 연구를 통해서 나 개인도 많은 성장을 한 듯하다. 그 간 거의 대인 관계가 없이 지내던 나는 책 덕분에 그나마 어느 정도 교유(1)를 하게 된다. 만일 미국처럼 일반인도 가족들이 부고문을 쓰는 전통이 있다면 이 책의 내용이 사실 상 내 부고문의 저본이 될 수 있을 것이다.

목차

1 교유   9

2 청운   35

3 서울   59

4 귀촌   85

5 배낭   105

(부록 1) **저술** 127

(부록 2) **역사 공부** 147

(부록 3) **대학원** 165

(여담 1) **영천읍** 193

(여담 2) **배골** 223

색인 243

1 교유

2025년에는 "한국 사람"(정치적 조건, 역사, 그리고 기원)이란 책이 출간된다. 그 동안 진행해 온 연구를 한 권(628쪽)으로 묶는다는 의미가 있는 그 책은 나 개인에게 또는 나의 연구사에서 매우 중요한 저작이다(부록 1). 그 한 해 전인 2024년에는 그 전초가 되는 두 권의 책이 나온 바 있다. 하나는 역사에 관한 것이고 다른 하나는 정치적 조건(위)에 관한 것이다. 마침 그 시기를 전후해서 나의 교유(交遊) 범위는 좀더 넓어진다. 특히 두번째의 정치적 조건에 관한 책은 내 책 가운데서 처음으로 정치 군사 란 용어를 제목으로 달고 나오는데 홍대 근처에 사는 고교(2) 동기 K를 통해서 다른 동기에게도 전달이 된다.

책과 교유

2023년 6월인가 대구에서 서울로 올라오는 KTX 열차 안에서 문자 한 통을 받는다. 고교 동기인 K가 우연히 내 책("한민족과 북방 기원," 2021 b)을 읽고 나서 그 저자가 바로 나 인가

를 확인하는 문자였다. 연구교수(부록 3)로 평생을 지내다 마지막에 창원의 한 대학 기획실에 스카우트되어 간 그는 1반모임(아래/ 국시집)에는 나오지 않는 친구다. 문자 답장하고 서울역에 내려서 전화 한 통을 하고 이후 급속히 가까워진다. 당시는 귀촌(4) 휴유증으로 한 달에 한번은 경부선을 타고 남쪽으로 가서 여러 날 보내고 오던 때라 대구 또는 창원에서 몇 달에 걸쳐 몇 번을 만나 대화하고 비교적 짧은 시간 안에 상대를 파악하고 언제든 바로 중요한 이야기로 들어갈 수 있는 사이가 된다.

고교(2) 졸업 후에 처음 만난 사람과 단 기간에 그런 단계로 간 것은 아마 두 사람의 그 간의 연구자로 서의 경력이 큰 역할을 한 것인 듯하다. 그는 대구에서 한 인문학 연구소도 운영(부원장)하고 있는데 그 연구소는 경상북도의 지원을 받아서 '경북의 기원'에 관한 프로젝트를 수행하고 그 산하에 고고학 답사팀을 하나 굴리고 있다. 나는 그 동안 한국 민족(한민족)의 기원(부록 1)에 관한 연구를 하면서 고고학/ 인류학/ 유전학(부록 2) 등의 자료를 인용하는 경우가 많았는데 고고학 분야의 이론은 많이 접하지만 상대적으로 답사 경험이 적은 게 아쉬웠던 것이 사실이다. 그래서 그 연구소의 답사팀에 적극 참여해서 부족한 부분을 채울 기회를 맞는다.

 첫번째 답사는 주로 경북 지역을 탐사하는 답사팀이 특별히 중부 지역을 방문하는 때에 맞추어 동행하기로 한다. 충주(중원탑 등)와 연천(구석기 유적과 박물관)을 거쳐서 후 3국 태봉(후 고구려)의 수도인 철원을 답사하는 코스였다. 서울(3)에서 가까운 연천(위)에서 합류해서 일정을 소화하는데 그 날 저녁에는 한탄강이 내려다보이는 팬션 2층에서 1박 하면서 거기서 멀지 않은 임진강변으로 가서 매운탕(그 종목은 그 지역이 전국 제일 이란 명성이 자자하다)으로 저녁을 먹고 밤에 담소하는 시간을 가진다. 그 때 연희동 집에서 멀지 않은 홍대 근처에 사는 K(아래)가 기꺼이 답사 경비 일부를 후원(2)해 주는데 LA에서 수십년 간 살다가 한국으로 돌아온 그 친구는 고교 당시의 학생회장(아래)과 꽤 가까운 사이였다.

 두번째 답사부터는 주로 경북 지역(위)을 다녔는데 충북 영동 황간에서 가까운 상주 지역(고인돌)과 낙동강변의 구미 지역(선돌, 도리사) 안동 지역(제비암) 봉화 지역(닭실마을, 각처의 정자) 포항 지역(암각화) 대구(대구박물관의 이건희 청동기시대 컬렉션, 칠성암, 달성) 등이다. 나는 경북 북부 지역 가운데 낙동강 상류 지역은 가본 적이 없었는데 봉화 지역(위) 답사 과정에서 그 강 줄기를 멀리 높은 산에서도 내려다보고 가까이에서 출렁다리로 건너보기도 하고 차창으로 내다보기도 하면서 청량산과 안동 시내를 거쳐 가는 그 강 상류를 원 없이 보았다. 낙동강은 남으로 내려 가면서 많은 지류를 품는데 부산 서부를 거쳐서 바다로 들어간다. 금호강(여담 1)도 그 지류의 하나다.

책을 통한 교유(위)의 역사는 이미 그 이전에 시작이 된 바 있다. 훨씬 전인 2018년이다. 그 때는 내가 진주와 부산을 오가던 시기인데(4) 마침 중학교 동기이자 고교 동기(여담 1)인 H가 부산에서 법원장(고등 법원장)을 하고 있었다. 나는 내 첫번째 책인 "한민족의 기원 연구"(2018)를 꼭 전해주고 싶어서 3일을 기다려서 시간 예약한 법원장 실에서 어렵사리 전해준 적이 있다. 그는 매우 진중한 성격의 판사(아래)라서 다가가기가 쉽지 않는 편이었다. 2023년에는 "한민족에 대한 우리의 인식"이 출간되는데 그 해는 1958년생이 학교와 법원에서 퇴직하는 해라서 나는 좀 서둘렀다. 1월이 가기 전에 겨우 서울(중앙)법원(H는 거기서 정년 퇴직한다)에 가서 책을 넘겼다.

그 책(2023)은 고교 동기는 아니지만 중학교 동기(여담 1)에게 전해주는데 쉽지가 않았다. L그룹 식품 관련 회사에서 대표를 지내고 식품그룹장(BU장)을 지낸 친구인데 민간 기업이라 은퇴가 조금 빠른 편이라 주소 문제 때문이다. L그룹의 영지 라 해도 지나치지 않을 잠실 지역에서 어떤 영업장을 택해서 일단 전달(아래)을 시도한다. 며칠 후에 받은 책 인증 사진이 찍힌 감사문자가 왔다. 2025년 책은 아직 전해주지 못했지만 2024년의 두번째 책(2024 b)은 잠실 L호텔 커피숍에서 간단히 차 한잔 하면서 직접 대면해서 전해준 바 있다. 내가 경북고(2) 출신이다 보니 중학교 동기가 더 신경이 쓰여서 2023년 책은 되도록 쪽수를 늘이고(828쪽) 비싼 양장본(하드 커버)으로 내느라 엄청 고생한 기억이 난다.

안동 답사(위) 때는 K의 연구소(위) 회원들이 많이 참가한다. 앞서 말한 바처럼 "한국 사람"(2025)이 나오기 전 해에 전 초로 낸 두 권의 책 가운데 하나(위)인 "한반도 국가의 정치 군사적 조건"(2024 b)을 그 때를 틈타서 10여 분의 연구소 회원들에게 증정한다. 대부분이 인문학 방면 연구자들이라서 본편(2025)이 나오기 전에 그 책에 대해서 한번 점검하는 기회가 된다. 그런데 그 책(2024 b)은 그 이전에 철원 답사 때 후원을 한 K(일명 LA 샷권, 위)가 가깝게 지내는 한 동기(학생회장 즉 학도호국단장 출신이다)에게도 전해줄 기회가 있었다. 고맙게도 그 친구는 부인까지 대동하고 나와서 레스토랑에서 같이 식사하고 책을 받고서는 고급제과까지 선물해주고 방배동 카페에도 데려가 준다.

그 동기는 학생회 간부와 예하 세력은 물론이고 경북고의 이른바 '권외의 그룹'(아래)과도 잘 지내는 사람인 듯하고 그 그룹의 사람들에게 거의 편견이 없다는 것은 좀 놀라웠다. 그 친구에게는 "한국 사람"(2025)도 꼭 전해주고 싶었다(전번에 준 책 2024 b 가 그 한 부분으로 들어가기 때문이다). 어느 날 강남

⑶을 다녀오는 길에 동작구 아무 전철역에 내려서 아무 우체국 근처의 아무 와플 집의 아무 알바생한데 우체국 직원(패스워드 인 셈이다)이 오면 좀 전달해주라 하고 문자로 그 친구에게 통지했다. 용하게도 저녁 때쯤 잘 찾아갔다는 전화가 왔다. 그 친구는 정부의 고위직인 우정사업본부장 출신인데 집이 대략 동작구 쪽이란 이야기만 들은 바 있다.

내 책은 통상 2~9월에 걸쳐 원고를 완성하고 10, 11, 12월 동안에 제작해서 다음 해 1월에 출간된다. 매년 1월이면 주변의 가까운 사람을 포함해서 10여인 정도에게 책을 전해주는데 따로 시간 약속을 잡고 만나서 식사를 하고 차를 마시면서 책을 전달(위)하기가 쉽지 않다. 모두들 나름대로 바빠서 미리 연락해서 따로 만나는 것은 아무래도 시간이 많이 걸리기 때문이다. 그래서 가능하면 한번 날을 잡아 우체국에 가서 우편으로 보내는 것을 선호하지만 그것도 여의치 않다(대부분 은퇴해서 직장 주소가 없다). 결국 내가 택한 방법은 어느 지역을 가는 경우에 잠깐 전화해서 길가에서 만나서 전달하고 바로 헤어지는 것인데 사람들에게 익숙한 건 아닌 듯했다.

1반모임(아래/ 국시집)은 주로 11, 12월에 만나는데 거의 멤버가 고정되어 있는 듯하다. 그런데 가끔씩 거의 나오지 않는 친구가 나오는 경우도 있다. 2022년인가 법원장을 지낸 판사 출신의 친구가 한번 나왔는데 얼마 전에 본인 상(喪) 부고가 날라왔다(아래). 또 2024년에는 민정수석을 지낸 검사 출신의 J와 대형 회계법인 파트너 출신의 Y가 나왔다. 그런데 본인 상 부고(위)가 날라 온 그 친구 빈소인 카톨릭 의대 장례식장에 들른 몇 안되는 동기 중에 마침 학생회장(위)과 J와 Y가 있었다. 당시는 신간 제작 기간이라 책의 참고문헌 목록을 최종 점검하기 위해서 서초동 국립중앙도서관에 매일 들락날락하던 때였다. 지하철 3호선을 다시 타고 귀가하기 위해서 카톨릭 의대 경내의 지름길을 지나다가 우연히 들른 덕분이다.

지나칠 정도로 청렴하게 처신해서 주변 사람들을 불편하게 했다는 평까지 듣는 그 친구의 조문객은 대부분 현직 판사 또는 판사 출신인 듯했다. 사실은 나는 그 학생회장(위)이 나타나기까지 거의 한 시간 정도를 로비에서 기다렸다. 그 시간 동안에 수트를 차려 입은 대여섯 명의 젊은 친구들이 빈소 입구 쪽 복도에서 들어가지도 나가지도 않고 버티고 있었다. 좀 이상하다 했는데 빈소 탕비실 쪽 틈으로 보니 머리 희끗한 노인이 거의 혼자 앉아서 육개장을 들고 있었는데 나올 때 보니까 대법원장(조희대)이고 그 젊은이들은 수행원이었다. 우여곡절 끝에 조문하고 빈 상(床) 하나를 차지하고 얼마 후에 나타난 J와 Y(위)와 얘기를 나누고 있는데 뒤에도 한 상 차지한 일행이 있고 J가 잠깐 들러 인사하고 오는 듯했다.

한참 있다 뒤의 상(床)에서 한 사람이 와서 J와 Y에게 인사하고 나가는데 나한테도 손을 내밀었다. 그 쪽 상과 등지고 앉아 있던 나는 미처 일어나지도 못한 채 손을 잡고 '잘 가!'라고 말했다. 한 시간 정도 더 앉아 있다가 조문을 마치고 집에 와서 케이블 TV 뉴스 프로를 보는데 어디서 본 듯한 사람이 계속 나온다. 이른바 윤(전)대통령 탄핵 정국이라 헌법재판소(결국 파면 선고가 나온다)가 수시로 비치는데 빈소에서 악수를 청했던 키가 크고 희멀겋고 천재형 같이 생긴 사람이 바로 다름아닌 헌재소장(대행)(문형배)이었다. 고인과 친하게 지낸 S법대 후배였던 모양인데 나는 예의도 차리지 못하고 '잘

가!' 했으니……. 두고두고 개운치 못한 느낌이다.

  1월(위)이 지나고 2월 어느 날 지하철 3호선을 타고 광화문 교보에 가는 길에 김앤장 사직동 건물에 들러 로비에서 책을 좀 전달(위) 해주라 부탁하고 나왔다. 김앤장은 수위 비슷한 사람들이 로비와 리셉션(안내)에 있었는데 일반 건물의 수위들과는 완전히 다른 접대 매너를 보여서 놀랐다. 보통 직장을 방문해서 책을 전달해주는 경우에도 리셉션에만 들리는 것을 원칙으로 한다. 이전에 전화 예약 없이 어디에 들른 적이 있는데 그 때 그것이 매우 예의 없는 일이란 것을 일찍 경험한 적이 있었기 때문이다. 며칠 후 내 전화 번호를 어떻게 알았는지 J(위)가 문자로 감사인사가 왔는데 너무 정중해서 놀랐지만 그런 것이 몸에 밴 듯했다. 전번 모임 헤어질 때 사무실로 책 한 권 보낸다 고 한 약속은 지킨 셈이다.

  2월이 가기 전에 강남 쪽에 갔다 오는 길에 역삼동 고등교육재단(3/ 외가록)에 들러 C에게 책을 좀 전해 달라고 하고 왔다. K있는 S그룹의 고등교육재단은 구색만 맞추는 다른 장학

재단과는 달리 실제적인 지원을 하는 곳으로 명성이 높다. 한국은 고교(하이스쿨)를 고등학교라고 아무렇지도 않게 지칭하지만 고등 은 대학 교육을 제공하는 기관에만 붙이는 이름이다(사르트르가 나온 프랑스의 엘리트 교육 기관인 파리고등사범 이 그 예다). 젊은 시절부터 전국구 급으로 활약해 온 C는 전경련(한경연) 산하의 연구원 원장도 지낸 바 있다. 연말까지는 재단의 넘버 투(넘버 원 이사장은 물론 그룹 회장이다) 직위를 가진 듯해서 리셉션에 가보니 책을 전해줄 수 있다고 한다. 아직 1반 모임에는 나타나지 않는 그에게서 며칠 후에 카톡으로 감사문자가 온다.

국시집

훨씬 더 이전이다. 2020년 연말에도 문자 하나가 날라오는데 진주(4)에서 서울(3)로 막 복귀한 즈음이다. 고교 동기 라는 한 친구가 40년간 소식이 끊겼던 나를 가까스로 찾았다면서 1반모임(위, 아래)에 꼭 한 번 나오라는 내용이었다. 아마 그 직전에 Y(그 동안 연락을 유지했던 몇 안 되는 동기 친구다)의 아들 결혼식에 참석하고 거기서 고교 동기 하나를 본 듯한데 동기회 총무(아래)였던 그 친구를 통해서 연락이 된 듯하다. 11월 어느 날 강남 선릉역 주변의 한 국시집(아래)에서 나는 20명 정도의 1반 친구들과 조우한다. 그 동안 일절 연락을 끊고 살았던 그 집단의 사람(2)(3)들과 다시 만난다는 것은 결코 단순한 일일 수가 없었다. 그들이 속한 집단은 나에게는 애증이 겹겹이 교차하는 존재였기 때문이다.

그 날 1반의 그 모임에 참가하기 위해 2호선 순환선 전철을 타고 선릉역(신촌역에서 제일 먼 곳이다)에 내려서 3번 출구로 나왔다. 주변을 조금 살피다가 남쪽으로 난 이면도로로 조금 들어간 곳에 있는 그 국시집으로 들어간다. 한식의 몇몇 디쉬가 안주류로 특화된 그 식당은 중 장년층의 단체 모임에 적합한 공간을 제공하는데 마지막에는 국수류가 나오기 때문에 국시집(안동 국시)이란 이름이 붙은 듯하다. 단체 모임을 하기 좋게 몇몇 공간으로 구분된 실내의 방을 기웃거리면서 1반 멤버를 찾았다. 제일 끝 방에는 중 장년층 그 이상의 느낌이 나는 사람들이 한 두 테이블(상)을 차지하고 있는데 혹시나 해서 고개를 들이밀었는데 그 중 한 사람이 '여기 아닌 듯한데요……' 라고 말한다.

그래도 육감은 있어서 나의 소속을 말하자 거기가 바로 거기였다. 그들의 외양은 40년의 세월을 그대로 맞은 듯하고 그 기간을 뛰어넘을 공감대도 어느 정도 시간이 지나야 쌓일 수 있을 거란 생각이 스쳤다. 기본적인 대꾸만 하고 앉아 있는 사이에 어느 덧 20여인이 모인다. 변호사인 회장과 G있는 L그룹 재무통 출신의 총무가 상당 기간 그 모임을 이끌어 온 듯한데 의외로 구성원이 다양한 편이었다. Y(위)에게 듣기로는 2반모임 은 대부분 상층 경력의 몇몇 친구들만 참석하는 매우 제한적인 클럽인 듯하고 다른 반은 제대로 모임이 이루어지지 않는다 고 한다. 내 예상과는 달리 1반모임 은 하부 구조(좋은 의미다)가 튼튼하다는 느낌을 주었다. 모임이 끝날 때쯤 총무는 내게 특별히 발언 기회를 주었다(3).

몇 년에 걸쳐 몇 번인가 모임에 나가면서 1반모임(위, 아래)

이 다른 반과는 달리 왜 그렇게 잘 굴러 갈까 란 그 의문이 풀렸다. 무언가 다른 점이 있었다. 여느 다른 모임과 다르지 않게 대화는 좀 영향력이 큰 사람들 위주로 가는 것은 어쩔 수 없는 상황일 것이다. 그런데 그 집단은 우리 사회 상층(3) (4/ 주식음)과 연계가 좀더 긴밀한 것이 사실이고 현직에 있는 사람(60대 중반의 현직은 상당한 고위직을 의미한다)도 여럿 있기 때문에 정보의 질이 좀 높은 편이었다. 물론 들을 만한 얘기가 많다는 것도 맞지만 그것 이상의 무언가 가 있다는 게 내 느낌이다. 다른 동기(발언하는 동기)의 말을 경청하고 그런 상황을 긍정적으로 받아들이는 친구들이 상당히 많은 듯하다.

모임 말미에 3분 스피치 할 때가 있는데 모두가 1반모임 에 대해서 상당히 애정 어린 평가를 하고 고운 말을 골라서 한다. 그것도 무언가 의식적으로 하는 것이 아니라 상당한 진실함이 섞여 있는 듯했다. 바꾸어 말하면 기본적인 성품 내지는 인품이 잘 갖추어진 친구들이 의외로 많다. 내가 별로 갖추지 못한 미덕을 갖고 있다는 것은 좀 질투가 나기는 한다. 그 가운데 이전에 대구 경산 지역에서 몇 번 더 본 K는 비교적 빨리 서로 대화를 하는 사이가 되는데 내가 내 스타일대로 거침없이 말을 해도 잘 받아 준 것 같아 매우 고맙게 생각한다. 그 외의 인원들은 따로 하나하나 언급하지는 않겠지만 아무튼 잘 대해줘서 고맙다는 마음이다.

여하튼 1반 모임은 주로 11, 12월에 만나긴 하지만 봄에 모여 2박 3일 또는 더 긴 일정으로 여행을 가는 프로그램도 있다. 해외 여행도 몇 번 다녀오고 앞으로도 해외 쪽의 계획이 있는 듯했다. 그 동안 비교적 가까운 일본/ 중국/ 동남 아시아(5) 등을 다녀온 바 있는데 이번에는 좀 더 먼 곳에 갈 모양이다. 은퇴한 지 좀 된 정부 해외통 출신 친구가 얼마 전에 중동 주요 지역에서 다시 한 번 더 국가에 봉사할 기회를 가지는데 그곳을 경유하는 항공편으로 터키(5) 여행을 주선 중이었다. 나는 그 여행에 참여하지는 못하지만 좋은 경험이 될 것이고 우정을 다지는 좋은 기회가 되리라 믿어 의심하지 않는다. 해외 여행에는 경영학 교수 출신의 B와 항공사 출신의 J가 많은 자문을 하는 것으로 알고 있다.

나는 1반모임 에 데뷔한 후에 부산 여행에 한 번 동행하는데 특히 기억에 남는다. 내가 참여한 첫번째 여행이었을 뿐 아니라 부산(4)은 내게 특별한 의미를 가진 지역이기도 하기 때문이다. 나뿐 아니라 대구 사람들 한테는 부산이 아주 특별한 곳임에 틀림없다. 대구와 경북은 대부분이 육지 지역이고 바다에 접한 지역도 없지는 않지만 부산 같은 설렘과 화려함을 갖춘 지역은 드물다. 게다가 대구에서 비교적 가까운 편이라서 살고 싶은 꿈의 도시(3)까지는 몰라도 가끔 가서 이색적인 추억을 쌓을 수 있는 곳임이 분명하다. 자세이는 모르지만 대구(2)에서 대학을 나온 친구들은 현재의 부인에게는 말할 수 없는 아련한 추억 하나 정도는 있을 지도 모른다.

부산에서는 기장군 일광에서 숙소를 잡고 첫날은 가볍게 주변 지역을 걷고 오랜 만에 붕장어(아나고) 회를 맛본다. 다음 날 전세 버스로 금정산 아래로 뚫린 지하 터널을 통과해서 건너편(낙동강 쪽이다)으로 가서 다시 금정산을 너머 오는 코스는 마침 봄날이라 너무 좋았다(그 풍경과 정감을 시로 적어 카톡에 올려준 친구가 있는데 상당히 수작이었다). 그 지역에서 사업하는 L이 동행해서 범어사 아래로 내려가서 한우와 고급 위스키를 마음껏 먹게 해주는데 내 평생 처음 하는 경험이었다. 조선조의 지방관(여담 1) 호칭이 별명인 한 친구는 그날 일찌감치 넉다운되는데 그날 이후 나한테 엄청 시달렸다(다른 사람은 다 취해도 너는 독야청청 해야 된다는 논리다). 마지막 날은 송정에서 해운대까지 걷는 코스가 잡혔다.

동기론/ 同期論

1반모임(위)은 반톡(카톡 대화방)을 통해서도 교유가 이루어진다. 반톡은 대부분 경조사를 알리는 용도로 기능하고 있긴 하지만 가끔씩 성명(발표)이나 칼럼이 올라오기도 한다. 다른 집단과 다른 것은 성명이나 칼럼이 다른 매체에서 다른 사람이 쓴 글을 퍼 온 것이 아니라 반 친구가 직접 내고 쓴 것이라는 사실이다. 한변(한반도 인권과 통일을 위한 변호사 모임) 대표로 활동 중인 한 친구는 수시로 정치적으로 중요한 사건이 있을 때마다 성명을 내고 그것을 반톡에도 소개한다(얼마 전 회화 개인전도 한 바 있다). 정부 해외통 출신의 다른 한 친구(위)는 '자유일보'에 칼럼을 정기적으로 싣는데 반톡에도 올린다. 상당히 수준 높은 글인데 기본적인 이론과 레퍼런스(저서인 듯하다)를 이미 가진 데다 다양한 정보를 가진 장점이 잘 드러나는 편이다.

그런데 1반에는 정부 부문과 민간 부문의 고위층 전직도 여러 명 있는데 아직까지 현직도 있다. 총리실의 한 위원회(정부업무평가위원회) 위원장인데 동기 중에 아직까지 현직을 유지하고 있다는 것은 드문 일이다. 학계 출신 이른바 교수 출신(물론 겸임교수 출신은 아니다, 부록 3)인 그 친구는 자서전(회고록)을 낸 바 있는데 겉으로 보이는 모습보다 훨씬 더 많은 시련을 통과한 듯하고 나이도 우리보다 많다는 걸 처음 알았다. 적어도 대인 관계 란 면에서는 기본적인 자세를 포함해서 나와는 완전히 다른 스타일인데 대인 관계가 중요하다는 것을 새삼 느끼게 하는 사람이다. 반톡에서는 감성적인 이야기를 많이 꺼내는 편인데 그 때마다 내가 의도적으로 도발(아래)을 좀 하지만 전혀 먹히지 않은 듯했다.

반톡에는 가끔씩 개인적인 정치적 발언도 올라오긴 하지만 그것이 크게 문제가 되는 상황은 없는 듯하다. 정치적으로 반대되는 입장을 가진 친구들이 있는지는 모르지만 반대 입장을 표현하는 경우가 거의 없기 때문이다. 정치적 발언이 아무리 수위가 높아 보여도 나도 거기에 대해서 거의 개입하지 않는다. 반톡은 그런 자리가 아니기 때문이다. 다만 두 가지 예외가 있다. 하나는 아직 반 모임에 나오지는 않지만 반톡에 연결되어 있는 것으로 보이는 친구 가운데 좀 전문적인 지식을 가진 사람을 한번쯤 문자 상으로 라도 보고 싶을 때이고 다른 하나는 재능 있는 젊은 친구들이 막 몰리는 경우에 왠지 좀 구조하고 싶을 때다(그것 때문에 반톡을 한번 나온 적도 있다).

나도 외교 안보 방면에 관심이 높은 편이다. 2001년 이후에는 주로 민족 집단(부록 2) 그 가운데서도 한국 민족(한민족)을 다루다 보니까 현대 2국가 2국민의 다른 한 쪽인 북한(2025, 9장)을 이야기하지 않을 수 없고 조금씩 그러다 보니 내 책이 북한/ 통일 분야 소식지에 신간으로 소개되는 경우도 없지 않다. 본의 아니게 전문가 아닌 전문가 대우를 받은 셈이다. 더

구나 2024년의 두번째 책(2025 에 한 부분으로 들어간다, 위)은 "한반도 국가의 정치 군사적 조건"(2024 b)이란 이름으로 나와서 대형서점 군사 분야에 꽂히는 참사가 일어나기도 한다. 부산 출신인 J는 외교 안보 분야 특히 북핵 전문가이고 관련 연구 기관(국립외교원)에서 오래 근무해서 한번 보고 싶었는데 반톡에 2국가에 관해 중앙지에 쓴 칼럼을 하나 올려 주었다.

  내가 1반 친구들과 재회(위)한 후에 만나 본 동기들 또는 그 이전에 지면이나 온 라인을 통해서 본 동기들은 제 각각 이어서 그룹화(집단 분류 가 나의 주요 연구 방법 이라 양해 바란다, 부록 2) 시키기는 쉽지 않다. 다만 동기회 기준(오해가 없기 바란다)으로 볼 때는 회장단/ 총무단/ 회원 세 그룹이 일단 눈에 들어온다. 최근에 회장단을 지내거나 그에 준하는 그룹은 거의 전국구 급인 것 같고 총무단을 지낸 그룹은 상대적으로 사회적인 지위가 그다지 빼어난 것 같지는 않다. 회원급들도 적어도 1반(위) 기준으로 회에 나오는 친구는 전문직과 공공/ 민간 부문에서 조직의 상층 간부 지위에 있던 사람이 많은 듯했다. 물론 그것은 눈에 보이는 동기들이고 다른 학교와 마찬가지로 눈에 보이지 않는 동기들은 그다지 좋은 상황은 아닐 것이다.

한국은 여러가지 회(모임)가 많기로 소문난 나라다. 심지어는 미주 미국 조지아주의 한인 밀집 지역에서도 한국과 거의 비슷하게 각종 회가 존재한다고 한다. 통상 각종 회는 회장단과 총무단 이 거의 비슷한 위상인 경우가 대부분인데(대부분 총무를 거쳐서 회장이 된다) 경북고(2)는 회장단과 총무단이 상당한 격차가 난다는 것이 큰 특징일 듯하다. 물론 그 학교의 경우는 회장단/ 총무단/ 회원(위) 세 그룹과 재학 당시의 세 그룹(아래)과는 전혀 일치하지 않는다. 일반 회원의 수준이 상당히 높은 편이라 개인의 능력이나 사회적 뒷받침이 만만치 않은 듯하다. 아예 '권외인 그룹'(아래)에서도 약진하는 자가 전혀 없지 않을 정도다.

경북고(위)에는 대략 세 그룹이 존재한다 고 볼 수 있다. '공부 잘하는 그룹/ 공부 덜 잘하는 그룹/ 아예 권외인 그룹'(2)이다. 공부 잘하는 그룹(위)은 마(魔)의 150등 안에 들면(2) 인문계는 S대 사회 계열 또는 인문 계열 아니면 K대 법대 정도까지는 가능하다. 공부 덜 잘하는 그룹(위)은 적당히 알아서 적당한 대학에 들어간다. 문제는 '권외인 그룹'(위)인데 그들도 단체가 있는 부류와 개인적으로 지내는 부류 두 가지다. 운동부(야구부는 전국구 반열에 든다)(한국은 일본과는 달리 엘리트 체육 인가 뭔가 해서 전원 학력은 바닥이다)와 폭력 서클(길/ 광풍이란 이름을 가지고 있다)은 단체 소속이고 그 외 독자적으로 뭔가를 추구하는 개인들이 있는 것 같다. 나는 일단 '아예 권외인 그룹' 후자(개인)에 속한 듯하다.

동기회를 보면 사회 문화 부문의 인원이 적지 않다(정치 경제 부문은 언급하지 않는다). 그런데 그 대부분이 학계 쪽이고 거의 대학교수(아래)다. 말하자면 문학과 예술 쪽의 인원은 별로 없다(경기고는 백남준, 황병기/ 서울고는 황석영 같은 문학과 예술 쪽의 전국구 내지 세계구? 를 배출한다). 아무래도 S대 진학 비율이 상대적으로 높기 때문에 특히 인문 사회 계통의 학계 종사자가 확률적으로 많을 수밖에 없을 것이다. 다만 우리 기의 동기 중에는 학계 거물이 아직까지는 드러나지는 않는 듯하다. 참고로 경북고 출신 가운데는 헌법의 김철수(부인 전혜

린이 남편보다 더 유명하다), 문학의 조동일, 역사의 노태돈 같은 학계의 거물들이 좀 있는 편이다. 참! 대중 문화 쪽은 신성일 같은 사람이 있긴 하다.

통상 일반 대학 특히 유니버시티의 학문 또는 연구 관련 인원이 교수 즉 프로페서 라 할 수 있다. 특히 유럽에서는 과 정도의 규모에서 단 한 사람 만이 교수 즉 프로페서의 직함을 갖는 경우가 많다. 적어도 우리 나라 같이 기술/ 예술/ 체육 계통의 학교 교원을 교수 즉 프로페서 라 부르는 경우는 별로 없다. 일반 대학의 경우도 어학(2/ 어학행) 등을 가르치는 인원은 교수 명칭이 부여되지 않는다. 여하튼 동기 중에 공부 잘하는 그룹(위)은 S대 사회 계열과 인문 계열에 들어간 수가 상당히 많고 그들 가운데는 기술/ 예술/ 체육 계통 또는 어학 계통이 아닌 일반 대학 인문 사회 계열 교수로 간 인원이 적지 않은 듯하다. 다만 서울(3)의 메이저 대학 교수는 많이 보이지는 않는 것 같다.

또 하나 케이블 시사 프로 화면에 노상 등장하는 겸임/ 특임교수(부록 3) 같은 직함을 사용하는 동기는 별로 없는 듯하다. 시사 프로 패널 중에는 경력이 멀쩡한 사람들도 겸임/ 특임교수 를 길고 니오는 것을 보면 우리 사회의 한 병든 단면을 보는 것 같다. 예를 들어 신문사, 방송사에서 부장/ 논설위원/ 국장까지 지낸 사람들도 그 직함을 사용한다. 통상 비정규/ 비 연구직의 실무 관련 인원이 겸임교수(요즘은 특임교수가 유행이다)인데 더 정확히 말하면 기술 대학 강사(부록 3) 정도의 위상이다. 그런데 연구교수(부록 3) 직함을 가진 사람도 그러한 수준의 인원이라고 보면 절대 안 된다. 적어도 연구교수는 비 정규직(아래)이긴 하지만 제대로 학문적 수련(부록 3)을 받은 일반 대학의 연구자이기 때문이다.

정규직 교수 직을 확보하지 못하고 비 정규직인 연구교수(위)로 평생을 마감하는 동기도 없지 않을 것이다. 물론 상당 기간 연구교수로 지내다가 학문적 성과를 믿고 교육부 지원 정규직인 HK(인문 한국) 교수 직을 딴 동기도 있긴 하다("식민 국가와 대칭 국가" 2022 가 그의 최근작이다). 다만 연구교수는 각 대학 또는 유관 기관에서 프로젝트를 따고 나서 그 수행 과정의 일원으로 활동하는 경우가 많아서 각 개인이 장기적인 연구를 하기 힘든다 는 문제가 벌써부터 제기된 바 있다. 상당한 학문적 수련(위)을 받고도 연구교수로 지낸 동기들이 있다면 끝까지 정진해서 학문적인 성취를 이루기를 진심 기원한다. 물론 이런 말을 하는 나도 예외는 아니다. 나도 대략적으로 말해서 그런 범주에 드는 사람이기 때문이다.

2 청운

나는 고교에 들어와서 야 대구시(현재는 대구직할시 다)로 진입하게 된다. 따라서 대구에서 나서 대구에서 자란 사람들과는 대구에 대한 이미지가 많이 다를 것이다. 또한 비교적 이른 시기인 초등학교 또는 중학교 때 대구로 온 두 동생(여담 1)과도 물론 다른 점이 있을 것이다. 더구나 대구 란 지역으로 오게 된 것이 학교 때문이고 그것도 경북고(아래)이기 때문에 나에게는 대구 란 지역의 이미지가 상당 부분 경북고(경고)란 이미지와 겹친다고 할 수밖에 없다. 그런데 문제는 대구로 와서 그 학교에 그다지 성공적으로 적응하지 못한다는 것이다. 결국 대구와 경북고는 내게 그냥 포근한 마음의 고향이 아니라 패배한 전장(戰場)의 이미지가 더 강하다.

경고기/ 慶高記

그 학교에서 1학년 첫 학기 첫 달부터 교실 뒷벽에 붙는 방(榜)(전교 성적 1~150등이 게시된다)에 드는 일이 녹녹치 않다. 600인 기준으로 해서도 4대 1의 경쟁율이 존재하기 때문이다. 다른 고교의 4대 1 과 그 학교의 4대 1 은 차원이 완전히 다르다. 선수층이 매우 두텁기 때문에 한 번 밀리면 따라붙기가 쉽지가 않다. 특히 대구 시내 보다는 기타 경북 출신 가운데 초반에 적응 못한 친구들은 정말 답이 없다. 두뇌가 그 집단 이상으로 한 단계 더 뛰어나거나(상당히 힘든 일이다) 체력이 평균보다 2배 정도 강한 경우가 아니라면 그 150등 안에 단 한번도 들어가 보지 못할 가능성이 상당히 높기 때문이다. 다만 수학(아래)에 관한 한 천부적인 소질이 있는 경우는 예외가 될 수도 있다.

대부분의 학교가 그랬듯이 당시 그 학교도 삭막한 풍경이었다. 솔직이 말해서 그 학교는 내 기억에서 좀 지워졌으면 하는 것이기도 하다. 여하튼 교무실과 교실이 있던 학교 건물은 그다지 고풍스럽지도 않았고 교실 특히 교실 뒷벽의 방(위)은 경쟁과 좌절의 그 무엇으로 인식될 가능성이 매우 높다. 운동장(아래)은 비교적 넓긴 하지만 동쪽은 야구장과 수영장이 있고 그 쪽은 아무래도 운동부(한국은 이른바 엘리트 체육이라 운동부는 아예 초등학교 때부터 수업에 들어가지도 않는다)의 영역이고 좋은 점이 있다면 교무실에서 비교적 먼 데라서 월담하기 좋다는 정도다. 그나마 운동장의 서쪽인 청운정(아래)은 잔디밭에 몇 그루의 나무가 서 있어 그런 대로 숨쉴 만한 공간이다.

그 청운정 이란 공간에는 무언가 작은 조형물이 있었던 것 같은데 지금은 기억이 가물가물하다. 아마 교훈과 관련이 있는 듯하고 무슨 사람 이란 어구가 들어간 것 같은데 현재 나는 그 학교의 졸업 앨범에 없어서 확인이 되지도 않는다(나의 연구를 종합한 내 대표작이라 할 만한 저작도 무슨 사람 이다, 2025). 그 공간도 다양한 그룹들의 다양한 용도로 사용된 듯하다. 누군가에게는 열공 후에 머리를 식히는 휴식의 공간이었을 것이고 다른 누군가에게는 사색의 공간이었을 것이고 가끔씩 폭력의 공간으로 활용되기도 한다. 다만 특기할 만한 것은 당시에 흡연은 그다지 심한 일탈로 여겨지지는 않은 듯하다.

동쪽의 야구장(위)과 서쪽의 청운정(위) 사이의 공간은 행사와 체육시간의 공간이었다. 체육시간은 거의 다 한반의 친구들이 몇몇 구기 종목을 선택해서 서로 시합을 하는 방향으로 운용이 되는데 운동에 큰 취미가 없던 나에게는 그다지 기억에 남는 공간은 아니었던 듯하다. 그보다는 교련복을 입고 사열하는 공간 또는 조회 시간에 도열해서 교장의 훈시를 듣는 공간이란 것이 더 기억에 남는다. 그렇다고 해서 조회 시간이 다 따분한 것은 아니다. 가끔씩 명사가 와서 새로운 이야기를 할 때도 있기 때문이다. 매 학년이 시작될 때 한 동문 산부인과 의사가 '보이스! 비 앰비셔스(Boys! Be Ambitious!)로 끝나는 짧은 연설을 한다. 그 선배는 재학생들에게 매년 장학금을 희사한다(그런 후원하는 삶은 처음 접한다, 여담 1/ 형제전).

그래도 명색이 경북고인데 공부에 관한 이야기가 완전히 빠진다는 것도 이상하다. 그렇지만 나는 이른바 경고의 '공부 잘하는 그룹/ 공부 좀 잘하는 그룹/ 아예 권외의 그룹'(1) 가운데 '아예 권외인 그룹'에 속하는 것이 분명하기 때문에 공부에 대해서 말할 것이 별로 많지 않다. 그런데도 나름 평생 학문에 종사해 온 지라 지금 이 순간에 뭐 라도 공부에 대해서 말하지 않으면 안 된다는 압박감을 느낄 수밖에 없다. 수업에 들어간 시간보다 안 들어간 시간이 훨씬 더 많은 사람이라고 해서 공부에 대해서 아무런 말도 하지 말아야 한다는 법은 없으니까……. 이하에서 감히 짧게나마(?) 공부에 대해서 조금 얘기해 보기로 한다.

당시 대학 입시에 압도적으로 비중이 큰 영어/ 수학에 대해서 말하자면 우선 경북고의 영어 수준은 상당히 높다. "성문종합영어"는 기본이고 "1200제" 같은 영어 문장을 뽑아 실은 책도 평상적인 교본이고 *Conquest of Happiness* (B. Russell)는 물론이고 무슨 연유인지 *The Autobiography of Benjamin Franklin* (B. Franklin) 같은 책도 교실에 막 돌아다닌다. 매달 치는 시험에서 영어 문법과 영어 독해는 거의 대학 수준을 넘어 대학원(부록 3) 수준인 듯했다. 요즘은 토플 토익 등이 유행이지만 상당 기간 본고사 독해 위주(아래)의 시험이 지속된다. 독해 위주의 시험은 토플 토익과는 달리 100점 만점에 100점이 목표가 아니라 50점이 목표인 시험이란 것이 다른데 당연히 S대(아래) 본고사는 어렵다.

비록 S대 본고사 영어 과목 시험은 직접 처보지는 못했지만 이후 S대 대학원 / K대 대학원 입학 영어는 직접 경험한 바 있다. 특히 K대 대학원(부록 3) 영어는 그야말로 악명이 높은데 외부에서 지원한 사람들은 말할 것도 없고 내부 선두 그룹의 인원들이 과락(40점)하는 경우도 적지 않다. 나는 경북고에서 쌓은 영어 실력 덕분에 국내 유수의 대학원 입학 영어는 그다지 힘들다는 생각 없이 통과한 듯하다. 더 솔직히 말하면 영어 덕분에 다른 과목의 부족한 점수를 카버했다 는 것이 더 정확할 지도 모른다. 내 영어 실력은 반드시 경북고 영어 덕분 만은 아닐 지도 모르는데 영어 잡지 *DIGEST* 도 좀 읽었다(아래).

수학은 내가 굉장히 약한 부분이다. 그래서 중3 때 벼락치기 수학 공부로 경북고에 무난히 입학하긴 하지만 그 과목이 내내 내 발목을 잡는다. 경북고의 수학 시험도 좀 과장을 하자면 100점 만점에 40점을 넘으면 S대 입학이 가능하다는 말이 있을 정도로 수준이 장난이 아니었다. 나는 일찌감치 수학을 포기하고 S대 를 포기한 셈이다. 대학도 수학이 입시를 거의 좌우하지 못하는 곳을 택해서 간다. 그러나 그것이 끝이 아니었다. 학부에서 문학을 공부할 때는 수학이 별로 중요하지 않았는데 대학원(위)에서 철학을 공부할 때는 완전히 딴판이었다. 동양 철학 전공으로 들어갔지만 일정 부분 서양 철학 과목을 듣는데 논리학/ 분석 철학/ 과학 철학(부록 3)도 들어 있었기 때문이다. 수학과 논리가 바탕이 되는 그 분야는 의외로 흥미로웠다.

논리학(확률/ 통계와 상관성이 높다)은 학부와 대학원에 개설된 여러 과목을 듣는데 그다지 어렵지 않았고 더 정확히 말하자면 내 성향과 잘 맞았다. 그래서 내가 그런대로 분석적인 두뇌가 있다는 것을 처음으로 깨닫는 계기가 된다. 그 뿐 아니라 내가 분석(위)의 연장선 상에서 전략적 사고(꼭 음모와 음흉함을 뜻하는 것만은 아니다)에도 어느 정도 재능이 있는 것이 아닌가 라는 생각도 하게 된다. 당시 서양 철학은 러셀/ 비트겐슈타인 등이 창안한 분석 철학(위)이 강타해서 새로 임용되는 교수 상당수가 그 전공인 상황으로 치닫는다. 과연 언어 분석 철학이 한국 학계에서 그만한 역할을 하는가 란 문제가 남는다(그 자체가 방법으로 공헌하는 것은 그들 전공자 이외의 그룹에서 일 듯하다, 부록 3). 현대는 과학의 시대인 만큼 과학 철학(위)도 바로바로 사회 과학과 인문학에도 영향을 미친다.

고2 때 문과를 택한 만큼 국어와 사회에 대해서 좀더 얘기하면 국어는 일단 건너뛰고 사회는 1학년 첫 달 시험부터 서양의 근대 정치사상 이론이 막 나왔다. 물론 깊이 있는 논술까지 요구한 것 같지는 않지만 그 학교는 일반적인 수준의 고교가 아니라는 것을 충분히 실감할 정도였다. 더구나 요즘도 그렇지만 윤리학 이론도 만만치 않은데 당시 국민윤리 과목 담당교사들이 상당히 엘리트 급에 속해서 그런지 상당히 수준 있는 강의를 펼친 듯했다. 나중에 보니까 그 분들은 그 당시에 대구 소재 지역거점 국립대학의 대학원(부록 3)에서 석사 과정을 밟은 것 같았다. 여하튼 고교 교실에서 대학 교양과정(부록 3) 비슷한 분위기가 났다는 것은 어렴풋이 기억에 남는다.

나도 대학강사(부록 3) 경력은 20세기의 사회와 가치 란 주제를 중심으로 강의하면서 쌓아 왔다('현대 사회와 가치의 문제'

란 과목이다). 어떻게 말하면 내 강의 경력에도 고교 당시 엘리트 교사들의 영향이 전연 없었다 고 할 수도 없다. 물론 그보다는 당시 대명동 집으로 배송이 오던 '독서신문'(아마 아버지가 지인인 영업 사원의 권유를 거절하지 못하고 구독한 것인 듯한데 수준이 꽤 높았다) 같은 매체가 더 영향이 컸을 지도 모르는데 그 기사들은 당시에 내 수준으로 쉽게 이해할 수 있는 정도는 아니었다. 그래도 학교 공부를 소홀히 하고 독서(아래)도 별로 즐기지 않은 내가 그나마 지금까지 온 것은 그 매체의 영향이 어느 정도는 있었으리라 는 생각을 떨칠 수가 없다.

그런데 대학을 문학과 고전 쪽으로 택해서 갔기 때문에(아래) 언어(물론 언어학이 아니라 그냥 이른바 어학이다)가 초기의 학문 수련(부록 3)에서 매우 중요한 부분을 차지한다. 언어는 인문학의 기본일 수밖에 없고 이른바 어학에 대해서는 바로 뒤(어학행)에서 자세히 말하기로 한다. 그 외에도 독서(위)가 중요한데 당연히 독서는 취미를 넘어서 학문 특히 인문학(아래)의 기본적인 소양이 될 수밖에 없다. 많은 경우 문학 연구자를 포함한 학계의 거물급에 해당하는 학자들은 어린 시절부터 독서를 즐겨한 사람일 것이다. 문학 작품을 쓰는 문학 작가들은 말할 것도 없다. 나는 아주 어릴 때(나이에 맞지 않게 소설 "삼국지"를 탐독한 기억이 난다)를 제외하고는 그다지 독서를 즐겨 하는 편은 아니었던 것 같다.

무엇보다 나는 소설 읽는 것을 좋아하지 않았고 가끔씩 '독서신문'(위)(부록 2)에서 대략적인 것을 스캔하는 정도였다. 만일 내가 독서를 즐겼다면 어쩌면 문학 작가로 나간다 거나 또는 대중을 상대로 글을 쓴다 거나 대중을 상대로 강의를 하는 데는 큰 도움이 되었을 지도 모른다. 어쩌면 대중을 상대로 하는 글(일명 잡글)을 쓰고 그 명성에 정신이 팔려서 어느 누구처럼 106세(더 이상일 지도 모른다)가 될 때까지 그러고 살았을 수도 있다(부록 3). 다행인지 불행인지 나는 그다지 독서를 하지 않는 사람이어서 결과적으로 잡글에 빠지지 않고 좀 더 학술적인 글을 남겼을 수도 있다. 물론 한 대학원 후배(부록 3)처럼 잡글 수준이 아니라 높은 수준의 대중 상대의 글을 쓰는 것은 분명 본받아야 할 일이다.

어학행/ 語學行

고교(위) 당시 "아예 권외인 그룹'(위) 일부는 고3 때에 벼락치기로 9급 공무원 시험을 쳐서 일단 공무원 생활을 하면서 후일을 기약하는 전략을 구사한 동기들도 있었다. 나도 그 전략을 권유 받은 적이 있지만 일단 대학 이란 데를 진학하기로 한다. 물론 재수를 해서 S대를 지원하고 안 되면 다시 3수/ 4수를 하는 방법도 있지만 나는 수학에 치명적인 약점이 있어서(위) 그것은 무망하다고 판단한다. 그리고 하위직 공무원이 많은 우리 집안의 사정 상 또 그런 길을 밟고 싶진 않았다. 그래서 선택한 것이 인문학(Humanities)이었다. 나는 대구 경북 소재 Y대 문과대로 진학한다(당시 대구에는 교양 과정이 있었고 현재는 의대만 남아 있다).

인문학(위)에 한정해서 말한다면 대구 지역 사립대학은 꽤 괜찮은 교수진을 접할 수도 있는 곳이다. 요즘과는 달리 당시 한국의 대학 교수진은 S대 출신 비율이 높았고 인문학의 경우는 그런 경향이 더한데 S대에서 학부/ 석사 과정 을 밟은 유망한 젊은 학자들은 일단 대 도시 지역 사립대학에서 경력을 쌓은 뒤에 서울의 메이저 급 대학(1/ 동기론)으로 가는 경우가 적지 않았기 때문이다. 당시 그 문과대에도 문학의 조동일(설명이 따로 필요 없는 학자다), 역사의 이종욱("신라의 역사"1 2002, 뒤에 서강대 교수로 간 학자인데 뜻밖에 총장도 지낸다) 같은 젊은 학자가 있었고 김주원("사라져 가는 알타이 언어를 찾아서", 서울대 언어학과)도 당시 보이던 사람이었다. 좀 뒤의 유홍준(미대)은 약간 다른 경우다.

나는 그 당시 전도가 유망한 그 젊은 학자들의 강의를 찾아서 듣지는 못했다. 같은 과의 몇몇 친구들이 특히 조동일(부록 2)의 강의에 매료되어 거의 거기 가서 살다시피 한다는 것 정도만 알고 있을 정도였다. 그렇다고 해서 내가 학점 따는 데만 급급하고 지식과 이론의 세계에 전혀 무지한 것만은 아니었다. 당시 중국 문학 교실(랩)의 장(지도교수)은 구미의 문학 이론에 관심을 가지고 미주 미국 서부 S대학 방문 학자로 왕래한다. 그 덕분에 당시 구미에서 유행하던 신 비평을 중국 문학에 적용한 학자의 신박한 저서(James Liu, 劉若愚 의 "중국의 문학 이론")를 탐독하기도 하고 그 외의 영어권/ 불어권 자료를 접하기도 한다. 당시 그 교실(랩)을 통해서 정보 수집을 넘어서서 자료 발굴도 핵심적인 일이고 후대에 남는 작업이 어떤 것인지에 대한 전략적인 부분(부록 2)도 어느 정도 캐치한다.

  그 문과대(위)에서 나는 본격적인 지식과 이론보다는 학문에 필요한 도구를 습득한다는 것이 더 맞는 말일 것이다. 정말 우연히 중국 문학(위)을 택한 덕분에 현대어인 중국어(한어)(부록 3/ 서관사)와 고전어인 한문(아래)을 상당 수준 배우고 틈틈이 시내 학원에 나가서 일어도 어느 정도 학습한다. 그리고 구미의 연구 성과를 보는 데는 고교에서 배운 영어(위)도 활용을 한다. 상대적으로 습득에 많은 시간이 요구되는 한문은 대구향교에서 제공하는 새벽 강독반에 몇 년 나가면서 보충하는데 "논어" "맹자" 등의 기본적인 고전이긴 하지만 상당한 도움이 된 듯하다. 그리고 영어도 대구 중구 삼덕동에서 K대 현직 교수(김성혁)가 잡지 *DIGEST* 를 매달 강독하는 프로그램이 있어서 몇 년간 다닌다.

김호동 선생도 한 대중서("아틀라스 중앙 유라시아사" 말고 다른 책이다)에서 어학(물론 언어학이 아니다)에 대해서 말한 있다. 한국 인문학계에서 가장 혹독한 교실(랩)로 알려진 S대 동양사(S그룹 총수도 그 학부를 나온다) 출신인 그는 당시 한국에서는 연구하기 힘든 중앙 유라시아(중부 유럽 헝가리 평원에서 중국 동북 흥안령 산맥까지의 광활한 지역이다) 공부를 위해서 유학을 떠난다. 미주 미국 동부 H대학에서 한 교수의 지도를 받는데 동 투르키스탄(신 중국의 신강 위구르 자치구)에 관한 박사논문을 쓰는 과정에서 지도교수는 유라시아 지역 연구의 필수 도구로 러시아어 습득을 요구하고 이어서 아랍어 습득을 또 요구한다. 이미 중국어와 한문은 S대 랩(위)에서 습득하고 당시는 위구르어 문헌을 연구하기 위해서 문어로 된 위구르어를 상당 부분 습득한 단계였다.

그런데 어떤 학술 기자가 저작 출판 관련 인터뷰 과정에서 그러한 방식의 언어 습득에 놀라움을 표하면서 그 언어를 모두 이른바 회화로 말할 수 있느냐 는 질문을 하는데 그에 대해서 당연히 못한다 는 대답을 해서 기자가 당황한 적이 있다. 그것은 당황할 일은 아니다. 짧은 시간 안에 필요한 언어를 집중적으로 습득하는 과정에서 문어 중심으로 하는 것은 당연하고 구어 중심의 언어 습득은 필요성도 떨어지고 그것도 상당한 시간을 요하기 때문이다(다만 언어 자체를 연구하는 언어학 전공자는 좀 다른 듯하다). 모국어를 할 줄 알고 다른 현대의 언어 하나를 습득해서 그 기술로 평생 먹고 사는 실무 관련 인원들과 학술 관련 인원들은 좀 다를 수밖에 없다.

나는 내가 생각해도 음성 언어는 약한 편이어서 들인 시간만큼의 결과가 잘 나오지 않는다. 내가 배운 언어 가운데 고전어인 한문(위)은 라틴어처럼 일종의 사어(死語)이기 때문에 음성 언어로 사용할 일 자체가 없다. 그런데 현대어인 영어/중국어/ 일어(위)는 당연히 음성 언어로 사용되고 그것을 말할 줄 알면 유리한 측면이 있다. 나는 세 언어 모두 유창하게 구사하지는 못한다. 더 솔직하게 말하자면 초보적인 수준에 머물러서 더 이상의 진전이 없다. 무엇보다 그 세가지 현대어를 학문적인 목적으로 배웠기 때문이기도 하다(더구나 한국은 일본과 더불어 언어 교육이 문법 위주로 가는 나라로 악명이 높다).

만일 내가 외국 유학을 가서 연구 과정을 밟았더라면 음성 언어 하나는 그런대로 구사했을 수도 있다.

그렇다고 해서 학술 연구에서 독해 위주(위)의 언어 습득이 불리한 것은 결코 아니다. 대부분의 학술 서적은 수준 있는 어휘와 문법으로 구성되어 있고 음성 언어 수준으로만 해당 언어를 배운 사람이 독해하기 상당히 힘들다. 일어(위)만 하더라도 일본의 외국인 대상 프로그램 이수자 가운데는 일상적인 이야기를 그럴 듯하게 구사하는 외국인(특히 비 한자권 출신) 학습자가 책은 제대로 읽지 못하는 경우도 허다하다. 중국어도 그럴 수 있다. 이른바 영어 회화를 하는 비 영어권 출신들이 영어로 된 학술 서적을 읽어낼 수 있는 것은 절대 아니다. 현재는 토플 토익 위주의 얄팍한 영어가 대세지만 대학원(부록 3) 이상의 연구 환경에서 절실하게 필요한 것은 강력한 문법이 동반된 독해 위주의 영어 실력이다.

음성 언어를 잘 구사한다는 것이 나에게 꼭 유리한 것만은 아니었을 듯하다. 만일 일찍부터 내가 영어/ 중국어/ 일어 가운데 하나를 유창하게 구사했다면 지금쯤 나는 학문이 아니라 실무(위)에 종사했을 가능성이 상당히 높다. 일찌감치 여행사 또는 종합상사에 취업하거나 아니면 통역 업무에 종사하다가 번역 쪽을 기웃거렸을 수도 있다. 재주가 없다는 것은 대부분 나쁜 일이지만 반드시 그렇지 만은 않은 듯하다. 재주 없는 탓에, 더 정확히 말해서, 재주 없는 덕에 방황의 시기 (5)에 배수의 진을 치고 학문을 계속한 것일 수도 있다. 엉뚱한 소리처럼 들릴지도 모르지만 음성 언어를 잘 구사하지 못하는 덕분에 나는 그나마 지금 학자(봉건적인 용어로는 문인)의 대열에 서 있다고 할 수도 있다.

처가록/ 妻家錄

1988년 전후해서 나는 선 판으로 내몰린다. 그 당시에는 결혼하는 데에 30살이 적지 않은 나이로 인식이 되고 영천의 친구들(여담 1) 가운데는 남자 기준으로 25세 전후에 결혼하는 사람이 있을 정도였다(여자 동기 중에는 20살 갓 너머 결혼한 친구들도 있다고 한다). 당시 박사 과정(부록 3)에 있던 나는 사회 경제적으로 결혼을 할 만한 위치에 있지도 않았지만 결혼을 강요하는 일반적인 사회적 분위기에 편승한 어머니의 일방적인 약속잡기 스킬에 밀려서 한 번 두 번 나가다 보니 어느덧 100회에 육박하는 선 판의 베테랑이 되어 있었다. 나의 경제적 처지를 감안한 배려인지 상대는 중 고교 교사가 대부분이었다.

주말에 대구로 내려가서 보는 선 이란 오랜 기간 지속되던 공식을 깨뜨린 사람도 아내 K다. 대부분 교사(위)인 대구 쪽과는 달리 그는 서울에서 은행원으로 근무하던 사람이었다. 서울에서 한 번 보고서는 그냥 지나간 사이였는데 어느 날 갑자기 연락이 오면서 상당히 적극적으로 나를 포획하려 한 듯하다. 당시 둘 다 30살이 넘은 상황이고 특히 아내는 주변의 지인들이 모두 결혼하고 혼자 남아 고립감을 심하게 느끼고 있던 터라 갑자기 결혼을 목표로 잡고 뭐 하나 걸리면 끝을 낸다 는 심정으로 임했던 것 같다. 나는 그 당시 매우 소극적인 자세 이른바 스탠스를 취하고 있었는데 적극적인 지금의 아내 K의 공세 덕분에 결혼 이란 것을 한다.

아내 K는 대구에서 대학을 마치고 K은행에 취업해서 서울(3)로 올라온 경우다. 당시 평범한 공 기업이었던 그 은행은 시간이 가면서 리딩 뱅크로 성장하는데 그 과정을 같이 한 셈이다. 대부분의 은행은 전국적인 영업망을 갖추고 있기 때문에 자기 출신 지역에서 근무가 가능하고 그것이 주는 이점도 적지 않다. 고교(위) 동기 가운데도 은행원의 경우 대구에서 근무하면서 주로 그 지역의 교사(위)와 결혼해서 서울보다 물가가 싼 데서 맞벌이의 경제적 유리함을 적극 활용해서 다른 동기들보다 더 빨리 경제적 안정권으로 가는 경우가 적지 않다. 그런데 아내 K는 거꾸로 서울 근무를 택하고 최소한의 여건만 갖춘 아무나 골라서 결혼한 듯하다.

결혼 만이 아니라 직장도 상당히 적극적으로 임한 것 같다. 그래서 여러 가지 악 조건 속에서도 퇴사하지 않고 악착같이 다녀서 어느 정도의 지위까지 도달하는데 본인은 그것 정도에 만족하는 것 같지는 않다. 여하튼 그 덕분에 나는 경제적인 것은 거의 신경 쓰지 않고 (철판을 깔고) 내가 하고 싶은 일은 결행하고 산 셈이다. 큰 경제력이 많은 것을 할 수 있다는 것은 너무나 당연한 일이지만(4/ 주식음) 작은 경제력도 효용이 대단할 수도 있다. 예를 들어 백기완 선생은 부인이 초교 교사라서 기본적인 생활은 가능했기 때문에 그렇게 쏘다니면서 많은 일을 벌일 수 있었다고 한다면 초교 교사 월급 정도의 경제력이 엄청 큰 일을 한 것이다. 물론 나는 큰 일은 못했지만 그 경제력이 헛되이 되지 않아야 된다는 정도의 정신은 가지고 살았다.

사실 상 나는 인문학(위) 쪽으로 와서는 대학강사(부록 3)가 전임(정규직)으로 이어지지도 못하고 그렇다고 해서 연구교수/강의전담교수(둘 다 보수가 얼마 되지 않는다)를 상회하는 수입을 올리는 대중 강사(부록 3)가 된 것도 아니라 서 경제적으로는 바닥권이었다. 그렇지만 그래도 공부를 계속하고 책을 낼 수 있었던 것은 솔직히 말해서 두 사람의 여성(이전에 나온 책에서 감사인사 하는 과정에 여인 이란 표현을 썼다가 엄청 항의를 받은 적이 있다) 덕분이었다고 해야 한다. 하나는 어머니 덕/

다른 하나는 아내 덕 인 것은 너무나 분명하다. 그리고 그러한 후원(여담 1/ 형제전)이 최상의 성과를 견인하도록 해야 한다 는 마음가짐이 지금까지 버텨온 원동력이 된 듯하다. 내 나름대로 최대한 전략(위)적인 방식으로 살아온 것도 맞다.

아내 K는 그쪽 할아버지 할머니 아래 최초로 4년제 대학에 입성하고 대 기업에 취업한 기록을 가진 사람이기도 하다. 장인은 경북 북부 출신인데 대구에서 작은 회사 직원으로 있다가 그만두고 C시장으로 진출해서 평생 농산물 판매를 해 온 분이다. 나름 정치력이 있어서 상인회장과 새마을금고 이사장은 지내지만 금전에 관한 한 그다지 약진하지는 못한 듯하다. 그 이유 가운데 하나는 6명의 자녀(그 중에 넷이 딸이다)를 모두 대학에 보낸 것일 것이다. 재산이 축적될 틈이 없었으리란 생각이 든다. 최종 결과가 그다지 좋다고 할 수 만은 없지만 당시에 딸을 포함해서 모두 대학 교육을 시킨 것은 대단한 것임은 분명하다. 장인의 아낌없는 투자 덕분인지는 몰라도 딸들의 효성은 극진한 편이다(아래).

장인은 60대 이후 크게 작게 신체의 여러 기관이 돌아가면서 문제를 일으키지만 아내는 그때마다 서울 신촌의 S병원 해당 과에 예약해서 어느 정도 해결하고 이후 치밀하게 관리한다(물론 처제들도 합세한다). 거의 20년을 사후적으로 선제적으로 그 많은 질병을 제어해서 장인 친구분 가운데 최장수 기록을 세우는 데 공신이 된다. 그리고 85세를 넘으셔서 90으로 가는 과정 마지막 쯤의 심각한 시기에도 적극적인 연명 작전을 시도해서 거의 10개월을 병실에서 24시간을 지키면서 최선을 다한다. 당시 나는 매일 배낭(5)에 필요 용품을 넣고 연희 56고지 능선(스미스 능선)을 걸어서 넘는다. 한국 전쟁 당시 서울 수복 격전지인 그 능선은 연희동 우리 집에서 S병원 본관까지 가는 길목이다.

3 서울

서울은 모든 면에서 선진적인 도시는 아닐지 모르지만 매우 활력이 넘치는 곳임은 틀림없다. 어느 누구에게는 서울이 꿈의 도시다. 전국 각 지역에서 특히 젊은 친구들이 서울로 투어를 오는 현상을 서울 사람(아래)들은 잘 이해하지 못할 수도 있다. 내게도 서울은 삶 전체에서 큰 비중이 있는 곳임이 분명하다. 어느덧 서울에서 산 기간만해도 40년이 훌쩍 넘는데 적어도 서울은 내게 끊임없이 더 도전적인 삶을 살도록 추동한 곳이기도 하다. 현재 나는 서울 서북부(아래)인 연희동에서 살고 있다. 면 단위의 시골에서 군청이 있는 읍으로, 다시 도청이 있는 시(이후 직할시가 된다)로, 또 다시 수도인 서울로 온 나는 서울을 더 객관적으로 볼 수 있을 지도 모른다.

서울 사람

  서울은 내게 제 2의 고향인 셈이고 딸 아이는 서울에서 나서 서울에서 자라서 서울 사람(위)이란 정체성을 가지고 있다. 부모가 모두 서울 출신이 아니라서 조금의 한계가 없지 않지만 그래도 우리 가계의 인원 가운데 가장 완벽한 서울 말을 구사한다. 그렇다고 해서 윤(전)대통령 같이 서울 사투리가 섞인 억양으로 말하는 것은 아닌 듯하다. 우리 어릴 때(라떼다)의 영춘영춘한 이미지의 코메디언 서모씨와 초 장기간 활동하고 있는 개그맨 유모씨 등의 약간 깐죽거리는 어투가 서울 사투리에 가깝다고 한다. 40여년 전에 공부한다(아래)는 명목 하에 서울로 올라온 뒤에 나는 그 과정에서 비록 탈 서울을 꿈꾸고 실제로 그것을 감행하기도 하지만(4) 아직까지 서울을 떠나지 못하고 있다.

  나도 어떤 다른 지역에서 서울로 올라온 사람의 범주에 들지만 나의 정체성에 대해서 크게 고민한 적은 없는 것 같다. 어떤 지역의 어떤 정치적인 성향 이란 것에서도 비교적 자유로운 편이었다고 할 수 있다. 출신 지역의 정체성을 강조하기도 하지만 그래도 서울은 서울인지라 출신 지역보다 서울 또는 남한(대한민국)의 일원 이란 정체성이 작용하는 것이 맞다고 본다. 시간이 흐르면 상경 2세/ 3세 들은 자연스레 서울의 정체성을 갖게 된다. 어떻게 보면 나는 지역적인 정체성보다는 계층적인 정체성에 더 경도가 되었을 지도 모른다. 그것이 사회 경제적인 계층(4/ 주식음)일 수도 있고 지식인(인텔리겐차)으로서의 정체성이 작용한 것일 수도 있다.

 서울은 전국 각 지역에서 온 사람이 많다(그 만큼 다양한 동창회/ 향우회가 가동되고 있다). 물론 각 지역에서 서울로 오게 된 동기는 제 각각인데 그것은 서울 사람(아래)의 구성 과도 관련이 없지 않다. 어떤 지역에서 서울로 올라온 한 집단에 속하는 사람들과 내가 몇 년 전에 재회(1)한 것도 그러한 흐름의 일부 라 할 만하다. 다만 그들은 좀 특이한 분포를 보인다 할 수 있다. 그것은 그들 대부분이 서울이 가진 두 가지 측면(지역/ 중앙) 가운데 지역(로컬)보다는 중앙(아래)이란 면과 관련성이 비교적 높은 집단이기 때문이다. 서울은 대한민국(남한)의 중추를 이루고 그 안에 '지역으로 서의 서울'(아래)이 아닌 '중앙으로 서의 서울'이 분명히 존재한다.

 한 눈에 확 들어오지는 않지만 서울을 구성하는 서울 사람(위)의 한 그룹은 바로 서울로 올라가는 각 지역의 엘리트 그룹이다. 고교 기준으로 말한다면 상위 엘리트 후보군은 S대를 비롯한 서울의 메이저 대학으로 가는 것도 현실이다. 서울 지역 대학 출신뿐만 아니라 타 지역의 주요 대학 출신들도 일정수가 '중앙으로 서의 서울'로 가서 그 한 부분을 구성한다. 오랜 기간 정부의 중앙 기관 또는 민간의 대 기업 본부는 대부분 서울에 소재하고 있었고 관련 인원들이 '중앙으로 서의 서울'을 구성한다고 할 수도 있다. 이후 연구 기관(대전 대덕 단지) 행정부(세종시) 주요 공기업(전국 각지)은 각 지역으로 분산 배치된다.

이전에 서울에 올라와서 아주 초반에 초등학교 동창회에 한두어 번 갈 기회가 있었다. 영천 이란 지역(여담 1)에서 서울로 온 친구들은 여러가지 다양한 사회적 스펙트럼을 보인다. 물론 그 가운데는 서울에서 대학을 나와서 대 기업에 다니는 친구도 몇 보이지만 그것은 드문 경우에 속한다. 대부분은 어떤 인연으로 인해서 '지역으로 서의 서울'과 관련해서 삶을 영위하고 있다. '지역으로 서의 서울'도 서울 이란 지역이 규모가 꽤 크기 때문에 공공 부문(행정, 소방, 경찰, 학교 등등)에 종사하는 인원도 그 수가 적지 않을 뿐 아니라 민간 부문도 영천읍(여담 1)이나 대구시(2)보다 훨씬 더 많은 일자리와 기회를 제공한다 (장사나 운전이나 막일도 서울이 훨씬 더 일이 많다).

고교 동기(1/ 동기론)들이나 영천 친구(위)들에 비해서 나는 좀 특이한 경우에 속한다. 대부분의 경우는 직장과 관련해서 서울에서 사는 경우가 많은데 비해서 나는 다른 친구들이 직장을 다니거나 혹은 개인 사업을 하는 시기에 '공부한다'는 명목으로 서울로 왔기 때문이다. 몇 년 전 40여년 만에 고교 동기들과 재회한 국시집(1)에서 내게는 특별히 발언 기회가 주어진다. 그 때 나는 공부하러 서울로 올라와서 그것이 끝나면 대구(위)로 내려갈 계획이었지만 아직도 공부가 끝나지 않아서 내려가지 못한다 는 요지의 연설 아닌 연설을 했다. 그 때 1반 친구들이 일제히 '공부 더 해!'라고 외친 것이 아직도 귀에 쟁쟁하다. 그래서 그런지 나는 아직도 공부하고 있다.

여하튼 현재의 서울 사람(아래)은 다양한 구성(아래)을 보인다. 식민지기(1910~1945)에는 한성 사대문 밖으로 서울이 확장되어 주변인 양주군/ 광주군/ 시흥군(한강 건너 영등포구와 그 아래 지역이다)/ 고양군 의 일부가 서울로 편입되면서 그 지역 사람들도 서울 사람이 된다. 그리고 해방 분단 전쟁기(1945~53)에는 북한에서 내려오는 이른바 이북 사람(아래)도 상당수가 현재의 서울 사람 을 구성한다. 이북 사람 은 남한에서 자본주의적 현대화를 겪는 사람들이라 북한에서 사회주의적 현대화를 겪은 조선 사람(북한 사람) 또는 디아스포라 조선 사람(탈북민)과는 다른 집단이다(부록 2). 서울은 그 이후로도 더 확장되고 경기도 사람들도 지속적으로 서울로 진입한다(그것은 부산/ 대구/ 광주/ 대전 도 인접 지역에서 많은 수의 진입이 있는 것과 마찬가지다).

1960년대를 거쳐 1970년대에 급격한 산업화가 이루어지면서 그 중심지인 서울에는 경기도뿐 아니라 전국 각지의 이농 집단이 유입된다. 평화 시장 봉제 공장과 구로 공단이 상징적인 의미를 가진 지역이다. 전국 각지의 농촌 지역에서 젊은이들이 유입되어 이른바 산업 전사(노동자)로 활약한다. 기존의 서울은 점차 그 규모가 확장되고 거기에 필요한 인원들은 경기도 각 지역의 사람(위) 뿐만이 아니라 전라도/ 경상도/ 충청도 사람들도 상당 규모로 들어온다. 매년 추석과 설 명절 때 아래(남쪽)로 내려가는 귀성 인파를 보면 그 규모를 미루어 짐작할 수 있다. 서울에는 전라도/ 경상도/ 충청도 사투리를 쓰는 사람과 서울말을 쓰지만 집에 가면 부모들이 사투리를 쓰는 경우가 적지 않다.

그 뿐 만이 아니다. 서울은 오래 전부터 수도 라서 외교관과 그 가족, 주둔 군대의 군인과 그 가족(일본군, 미군)도 서울에 거주한 바 있고 1990년대 이후에는 탈북민(위)과 디아스포라 동포(조선족/ 고려인)와 일반 외국인들도 많이 들어온다(이태원, 대림동 은 그 상징이다). 한말 도성의 원래의 한성 사람(아래)과 이후 식민지기(위)를 거치면서 서울로 편입된 인근의 경기도 사람(위) 그리고 그 뒤로도 지속적으로 진입하는 경기도 각 지역의 사람은 물론이고 해방 분단 전쟁기(위)에 북한 지역에서 들어오는 이북 사람(위)과 이후 산업화 시기에 전라도/ 경상도/ 충청도 에서 올라오는 이농 집단은 10만 단위의 서울 인구를 100만을 거쳐서 1000만까지 확충한다(현재는 900만 명대로 떨어진다). '지역(로컬)으로 서의 서울'이 아니라 '중앙으로 서의 서울'도 서울의 한 요소다(위).

지금 서울은 과밀하다. 그나마 대략 2000년까지는 서울의 주 주거지가 된 아파트(이른바 다세대 주택이다)가 5층에서 시작해서 12층 정도를 유지하다가 이제는 20층 30층 40층까지 올라가서 옛날에 홍콩(5)을 방문할 때 느꼈던 그 어질어질 함을 서울에서도 충분히 맛볼 수 있게 된다. 홍콩은 작은 어촌에서 시작한다. 이후 영국의 조차지가 되고 중국에 반환(1997) 되기까지 본토에서 정치적 사건이 있을 때마다 많은 사람(상당수가 난민 이라 할 수 있다)이 유입되어 과밀한 도시가 된다. 서울은 홍콩과는 달리 조선조 수도인 한성(사대문 안이다)에서 시작되지만(당시 인구는 10만 단위다, 위) 한말과 식민지기(위)와 해방 분단 전쟁기(위)와 산업화 시기(위)를 거쳐서 과밀한 도시가 된다.

근 현대 이전의 서울의 역사는 비교적 잘 알려져 있다. 그 지역은 대략 900년전(BP)에는 고려조의 남경(양광도 경내다)인데 지금의 청와대 부근이 그 중심이다. 이후 조선조의 수도가 된 서울은 오랜 기간 한성 또는 한양 이라 불린다. 한양(漢陽)은 문자 그대로 한강 또는 한수의 북쪽(강의 북쪽을 양 陽 이라고 한다, 구 중국의 함양 낙양 등도 마찬가지다)이다. 다만 대 신라(통일기 신라)의 한주 란 명칭은 한산(북한산)과 더 관련이 크다(아래). 현재 종로구(4대문 안이다)에 가면 길가에도 고고학적 유적이 많이 전시되어 있다. 최근에는 광화문 앞의 월대가 복원된 바 있다. 복개천이 되어버렸던 청계천도 복원되어 서울의 명소가 된다. 다만 가끔씩 지적 재산권이 진주(남강 유등제)에 있음직한 유등을 청계천에서 띄우는 짝퉁 행사가 진행되는데 서울의 자존심을 좀 찾았으면 하는 바람이 있다.

한말(위) 이전의 서울 사람(위)에 대해서 조금 더 이야기하면 조선조(1392~1910)에서 사대문 안의 서울 사람(한성 또는 한양 사람)은 왕족과 조정의 고위직과 그 가족이 최 상층을 이루고 그 아래로 실무 담당 관원(이른바 중인들도 포함된다)과 그 가족이 있고 또 그 아래로는 평민(상인이 많다)들과 노비들이 그 인구를 구성하고 있었을 것이다. 다만 한성은 관청이 많고 그 조직이 큰 만큼 다른 지역에 비해서 관노비 수가 압도적으로 많았고 또한 높은 신분의 사람도 숫자가 많아서 사노비의 수도 적지 않았을 것 같다. 어떻게 말하면 단순히 인구 수로만 말하면 관노비/ 사노비 가 한성 사람의 다수 집단일 수도 있다. 조선조 말을 지나서 근대로 오면서 오랜 기간 지속되어 온 신분 제도는 해체된다.

서울 이야기

우리 가족은 서울 동북부(강북구, 도봉구, 노원구, 중랑구) 지역에서 산 적이 있다. 그것은 내가 오랜 기간 K대와의 관련 하에서 삶을 영위했기 때문이다(부록 3). 처음에는 성북구인 K대와 그 주변에서 그 이후에는 좀더 북쪽의 도봉구(아래)에서 주로 산다. 그런데 그 기간이 그다지 순탄한 것이 아니어서 그런지 그 동안 그 지역을 잊어버리려 한 것이 사실이다. 다만 그런 상황과는 상관이 없이 그 지역에서 오랜 기간을 살았을 뿐만이 아니라 딸 아이를 그 지역에서 낳아서 기른 것도 사실이라서 어떤 면에서는 상당히 중요한 지역이었다고 해도 틀리지 않을 듯하다. 얼마 전에 연희동 집에서 북한산(아래) 건너 편인 그쪽으로 한번 드라이브하고 온 적이 있다.

당시 강사 동료(부록 3)들이 거의 다 서울 동북부(위)에 살고 있어서 주변 경기도 지역으로 몰려가서 바람을 쐬고 들어오기에는 꽤 괜찮은 곳이었다. 그 후 하나하나 그 지역을 떠나면서 나 혼자 거기서 살다가 딸 아이가 아직 어린이집에 다닐 때 큰 맘 먹고 그 지역을 떠난다. 강 건너의 강남(아래)이 아니라 강북의 다른 곳이다. 서울 서북부(서대문구, 마포구, 은평구)로 분류되는 연희동인데 결국 딸 아이의 고향은 연희동/ 신촌/ 홍대 앞이 되었다. 만일 그 지역에서 계속 살았더라면 집 바로 앞의 중학교에 들어가서 한강 작가(아래)의 중학교 후배가 되는 영광을 누렸을지도 모른다. 작가는 그 후 연희동의 Y대를 나왔으니 우리와 동선이 비슷한 것 같기도 하다.

서울 동북부(위)는 이전의 양주군(위)에서 서울로 편입된 지역이 많다. 강북구 도봉구 노원구가 대표적이다. 노원구도 수

락산이 있긴 하지만 특히 도봉구는 북쪽 의정부 방면의 도봉산 연봉(설악산 울산 바위와 실루엣이 비슷하다)은 거의 그림이다. 그 도봉산도 엄밀히 말해서 북한산 자락이다. 보통 북한산(위)은 삼각산이라고 알려져 있고 그 삼각을 이루는 바위는 북한산성(아래) 쪽이 아니라 강북구 도봉구 쪽의 것이다. 동양화 속의 화강암 바위 모습인 인수봉과 그 뒤의 백운대(최고봉인데 맑은 날은 정상의 깃발을 볼 수 있다)와 만경대가 삼각 대형을 이룬다. 물론 거기서는 그 건너의 노적봉(위)은 보이지 않는다.

강북구 수유리(위)에는 문인들도 비교적 많이 산 듯하다. 신경림 시인(시집 "농무"와 "새재"가 대표작이다)도 그 곳에서 살았고 한강 작가의 부친인 한승원(소설 "아제아제바라아제"가 대표작이다)도 그 쪽에서 살았다(아래). 작가의 작품인 "희랍어 강의"란 책에도 수유리가 자세하게 묘사된다. 우리 가족도 거기서 가까운 지역에 산 적이 있는데(위) 무슨 예술적인 성향이 작용해서가 아니라 수유리 건너(방학동)에 아내의 직장인 K은행의 조합원 아파트가 들어서기 때문이다. 그 은행 상당수의 직원들이 그 지역에 살다가 나중에는 대부분 희망 근무 지역에 가까운 쪽으로 이동한다. 아내는 이사하는 것을 별로 좋아하지 않고 그런대로 4호선이 연결되어 그 지역에서 좀 오래 산다.

암벽 등반의 메카인 인수봉도 강북구 쪽으로 올라간다. 그 주변에는 화계사/ 도선사 등의 유명 사찰도 있다. 이전에는 매년 부처님 오신 날은 그 두 사찰 가운데 하나에 들러 연등을 감상하는데 화려하면서도 그윽한 특유의 조명이 눈에 선하다. 그리고 그 근처의 북한산 능선 아래 수유리 4.19 국립묘지가 있다. 그 가까이 통일 연수원(아내의 흥사단 선배가 연수원 교수일 때 한번 찾아 뵌 적이 있다)도 보이고 아카데미 하우스 란 이름의 산장 식의 호텔도 오랜 기간 명소였다. 주요 학회가 거기서 열릴 때도 많아서 나는 그 곳에 갈 기회가 비교적 많았다. 겨울에 눈이 많이 온 날 거기서 1박 하면서 참석한 학회 때 찍은 사진 속에는 교육부 장관을 지낸 사람이 둘(철학 전공이다)이나 들어가 있다.

2000년대에 우리 가족이 연희동으로 이사간 후에도 뒤쪽 작은 방 창 밖으로 북한산(위) 자락이 조금 보인다. 서울 도심 바로 뒤를 동서로 길게 달리는 능선(아래)의 서쪽 끝 부분인 비봉 쪽이다. 연희동 연희 고개 쪽은 서쪽 끝 자락이긴 하지만 북한산과 연결점이 있는 셈이다. 비봉은 신라 진흥왕 순수비가 있던 그 비봉인데 역사 기록만 있고 비는 사라졌지만 추사 김정희가 여러 차례의 답사(1)를 거쳐서 그 주변에 널부러져 있는 비를 찾아낸다. 그 장면은 한국 고고학(부록 2) 상의 큰 발견임에 틀림없다. 다양한 재능을 가진 추사는 고고학에서도 몇몇 업적을 남긴다(경주 문무왕릉비도 찾아낸다). 서울 종로구 외곽에서 은평구로 연결되는 진흥로(진흥왕의 진흥이다)는 비봉 아래에서 서쪽으로 이어지는 비교적 큰 길이다.

  북한산은 그 면적이 상당하다. 그래서 서울 어디서든지 거의 다 시야에 들어온다. 멀리 강 건너 영등포(아래)는 물론이고 강남(아래)에서도 길게 뻗어 있는 그 모습이 보인다. 심지어는 고양 쪽에서도 그 모습이 눈에 들어온다. 다만 그 두 지역에서 보이는 산의 모습은 다르다. 하나(영등포와 강남)는 길게 뻗은 앞쪽의 모습이고 다른 하나(고양)는 약간 둥그스럼한 뒤쪽의 모습이다. 좀더 자세히 말하면 하나는 대남문에서 대동문까지 구간을 포함해서 동서로 걸쳐 있는 긴 능선이고 다른 하나는 백운대(아래) 만경대와 노적봉과 원효봉/ 의상봉이 어우러진 모습이다. 북한산성은 후자 쪽에 자리잡고 있다(북쪽이다). 그러니까 영등포와 강남에서는 북한산성 쪽은 보이지 않고 앞쪽(남쪽이다)의 능선만이 보인다.

연희동에서 차를 타고 30분만 가면 비봉 건너 편(북쪽이다)인데 북한산성 쪽의 봉우리(위)가 다 보인다. 지축동(경기 고양)에는 큰 부지를 확보한 대형 카페가 장관이다. 그 앞을 가로막는 장애물이 하나도 없는 데다 그 큰 부지의 정원이 아름답고(인공으로 만든 선돌 도 있다) 하절기에 사용 가능한 야외 좌석도 많이 있다. 그 정원 너머로 바로 위에서 말한 백운대와 노적봉과 원효봉/ 의상봉 의 멋진 조합이 한 눈에 들어온다. 영등포와 강남은 물론이고 도심 근처에서는 볼 수 없는 비경이 뒤쪽에 숨어 있는 셈이다. 의정부 쪽으로 좀더 가면 산장 풍의 준 대형의 카페도 있다. 나는 그 카페를 좋아하는 편이지만 페이스트리 맛이 좀 떨어지는지 아내는 별로 좋아하지 않는다.

이전에도 비봉(위) 쪽과는 인연이 없지 않았다. 다만 그것은 연희동 쪽에서 보이는 비봉이 아니라 종로구의 구기동 쪽에서 들어가는 비봉이다. 그 봉우리 아래 구기동에는 중견 기업가(특이하게도 시인 출신이다)의 저택이 있는데 그 옆에 그 사람이 설립한 출판사(기업 소속이다)가 있고 아내와 내가 가장 존경하는 선배가 그 책임자로 있을 때 몇 번 가서 인사드린 적이 있다. 그리고 대학원(부록 3) 교실(랩) 장(지도교수)이 구기동 쪽(신영동)에서 살다 평창동으로 이사 가셔서 이런저런 용무로 그 지역을 자주 갔다. 최근에는 그 너머 정릉 쪽(연희동에서 정릉으로 가는 버스 노선이 있다)에 한번 갔다 온 적이 있는데 고교 동기(동기회 총무 출신이다) 하나가 그 쪽에서 오래 살았다.

한편 한강 건너 송파구 지역(강남 3구의 하나로 들어간다)은 거의 2000년전(BP)부터 시작되는 한성 백제(기원전후~476)의 핵심 지역이고 몽촌토성이 도성인 것으로 밝혀진다("한성백제

의 탄생" 박순발, 2001). 부여계 지배층과 3한 계통(마한) 주민으로 구성되는 한성 백제는 북쪽의 고구려에 밀려 남쪽(웅진/ 부여)으로 수도를 옮긴다. 바로 그 동쪽인 강동구에는 신석기 유적도 있다. 암사동이다. 을축년 대 홍수(1925) 때 비로소 지상으로 드러나는 그 오래된 유적은 한강 유역의 유리한 환경에서 삶을 영위한 신석기인들의 흔적이 그대로 남아 있다. 당시 사람들이 생활하던 움집이 복원되어 있어 그들 삶의 한 자락을 엿볼 수 있다. 고고학적으로 유명한 것은 바로 그곳에서 발굴된 즐문토기(빗살무늬토기)다. 그 외에 강남구/ 서초구(아래)도 있다(이상은 경기 광주군에서 편입된 지역이다).

강남구/ 서초구(위)는 한 동안 영동(아래)이란 이름으로 불리다가 지금은 강남으로 불린다. 영동은 영등포의 동쪽이라서 붙은 이름인데 영동교/ 영동 세브란스 병원 같은 이름이 아직 남아 있다. 영등포는 이전에는 시흥군(아래)이었는데 현재 서울 서남부(동작구, 관악구, 영등포구, 구로구, 금천구, 양천구)의 한 지역을 이룬다. 그 시흥은 금천구 시흥동 또는 시흥선의 시흥이다. 참고로 시흥선(금천구 시흥동- 광명)은 기존의 경부선과 KTX 고속선(광명)을 연결하는 아주 짧은 철도 노선이다. 현재의 시흥시(오이도 유적이 유명하다)는 이전의 시흥군(1795/ 1914)이 대부분 서울 서남부(위) 또는 경기도의 광명 안양 의왕 군포로 들어가고 서쪽에 조금 남은 구역이다. 고려조 금주(衿州) 출신 강감찬(낙성대와 관련이 있다)은 경기 시흥군 사람(조선조 후기 기준)이자 서울 관악구 사람(현재 기준)이라 할 수도 있다.

외가록/ 外家錄

우리 외가는 의외로 서울(위)과도 관련이 있다. 외가는 친가와 같은 영천(여담 1) 출신이지만 외할아버지가 일찍이 서울로 가서 무역회사를 경영한다. 그래서 나의 어릴 때 외가에 대한 기억은 외할아버지의 회사 사무실과 지프차(당시에는 주로 지프차가 승용차로 사용되고 기사는 당연히 기사석에 타고 아래사람들이 뒷자리로 가고 주인이 앞 자리에 앉는다)와 중절모를 쓴 외할아버지의 정장 차림이다. 외가에 갈 때는 영천에서 바로 연결되는 중앙선 열차를 장시간 탄 기억이 있다(여담 1). 외삼촌과 이모도 서울에서 교육을 받는데 서울말이 아니라 경상도 말을 그대로 사용한 것이 특징이라면 특징이다. 우리 딸 아이는 서울말을 쓴다.

 외할아버지는 무역회사가 성공적으로 돌아갈 때 그 재력으로 영천의 두 선거구(갑구/ 을구)의 국회의원 후원(여담 1/ 형제전)을 해서 둘 다 당선되고 민주당 정권에서는 그 가운데 한 사람이 국방부 장관(내각제에서는 국회의원이 내각 각료를 맡는다)까지 지냈다는 말을 듣긴 했는데 자세한 것은 알 수 없다. 여하튼 할아버지가 좀 일찍 돌아가시는 바람에 이후 외가는 상당히 고전하는데 그것은 나의 어린 시절에도 작용을 한 것 같다. 외삼촌들이 우리 영천집을 방문할 때마다 어머니는 눈물을 보이고 무슨 연유인지는 몰라도 그런 상황이 별로 즐겁지 않았다. 외할머니도 자주 절에 가서 며칠씩 계시면서 그런 상황을 견디신 것 같다.

 세 명의 외삼촌 가운데 겨우 한 명이 서울 메이저 대학을 거쳐서 K있는 S그룹에 들어가서 홍보실에서 근무하다 나와서 지역 신문사에 도전하는데 그다지 성공적으로 끝나진 않았다. 그 그룹에 근무할 당시는 전 회장(최종현)이 비서실에 따로 조직을 두고 지금의 수펙스(SUPEX) 경영 이론을 만들 때였다. 나는 그 때 약간의 알바거리를 받아 그 이론 형성 과정에 약간의 참여를 한 셈이다. 그 비서실 일감과 더불어 홍보실에 근무하면서 회장을 자주 봐야 하는 외삼촌(당시는 사보가 인쇄물로 나오던 시절이라 수시로 회장 말씀을 인터뷰해야 하기 때문이다)과 대화하는 과정에서 나는 그나마 우리나라 대 기업에 대해서 간접 경험한 것은 있다.

외삼촌이 K있는 S그룹과 인연이 있은 이래로 우리 집안은 그 그룹과의 인연이 깊은 셈이다. 바로 밑의 동생(여담 1)도 그 그룹에서 초반 경력을 쌓았을 뿐 아니라 딸 아이도 그 그룹으로 취업했기 때문이다. 그 그룹의 고등교육재단(1)도 한학 장학생 지원이 있어서 내가 다닌 대학원(부록 3) 집단과는 긴밀한 편이고 그 장학금을 받는 사람도 있었다. 더구나 초반에 재단 국장(사무국장)을 오랜 기간 지낸 사람이 K대 대학원 철학과의 같은 교실(랩) 출신이라 가끔씩 들러서 인사한 기억이 난다. 1반의 한 친구가 최근까지 그 재단의 넘버 투(넘버 원은 그룹 회장)로 있어서 2025년에 나온 "한국 사람"(정치적 조건, 역사, 그리고 기원)을 전달해준 바 있다(1).

외가 쪽은 나보다는 막내 동생(여담 1)이 애착이 더 많아서 외사촌들을 챙기는 편이다. 나는 여러가지 이유로 해서 외가에는 상당히 무심한 사람이 되어 있다. 더 정확히 말해서 오랜 기간 나 자신도 외가처럼 고전한 삶이어서 체면이 서지 않고 자존심이 상해서인지 어머니한테도 상당히 무심한 사람이었던 것은 사실이다. 그래도 역사 공부(부록 2)가 어느 정도 결실을 맺어서 12권의 책이 연속으로 나올 때 그 책의 발간 일자를 가능한 한 1월 24일 로 맞추어 어머니의 기일을 기념하는 게 겨우 할 수 있는 일이었다(1년에 두 권 또는 세 권 나올 때는 한 권만 그것이 가능하다는 아쉬움이 없지 않았다). 나는 효도와는 평생 관련 없는 사람이었지만 그래도 그걸로 이른바 사모곡(思母曲)아닌 사모곡을 대신한 셈이다.

어릴 때는 영천(위)에서 청송으로 가는 1차선 비포장도로를 버스로 한 참을 달려 또 다른 외가에 가서 며칠씩 놀다 온 기억도 있다. 화산면의 매산 이란 마을과 그 위의 사천 이란 마을이 외할아버지 일가가 오랜 기간 살던 세거지(世居地)였다. 서울에 살던 외삼촌이나 외오촌들이 고향에 들를 때 영천읍(여담 1)의 우리 집에 일단 들러 나를 데리고 같이 갔던 것 같다. 매산 마을 건너편에는 큰 규모의 술도가가 있었는데 아직도 있는 것 같다. 최근 들어 영천의 친한 친구들과 1년에 한두번 정기적으로 만나는데(여담 1) 시 외곽을 드라이브할 때 그 마을이 의외로 가깝고 시청(이전의 읍 사무소인데 외곽으로 이전한다)에서 그다지 멀지 않은 곳이라 새삼스러웠던 기억이 난다.

현재의 영천시의 북부 지역은 구 신녕현(아래)인데 마늘 농사로 조금 알려져 있다. 물론 중앙선을 탈 때는 신녕역이 있어서 그 곳에 잠시 정차하는 일이 있지만 그 지역에 내릴 일은 별로 없는 편이었다. 얼마 전 영천 모임(위) 때 영천읍(위, 옛날 기준이다)에서 요즘 핫한 무슨 버섯 요리를 맛보고 영천 북부 지역과 바로 인접한 군위(군위군은 무슨 일인지 갑자기 대구로 편입되어 현재는 대구 직할시가 되어 있다) 쪽의 대형 카페(이전의 어떤 공장 부지를 통째로 카페로 개조한 것인데 장관이었다)로 놀러간 적이 있다. 거기서 커피와 디저트를 즐기고 돌아오는 길에 길을 찾다가 우연이 신녕면 소재지에 들른 적이 있다. 면 소재지이긴 하지만 우리 고향인 고경면(여담 2) 소재지와는 완전히 달랐다.

이전에 신녕현 고을 중심지여서 그런지 시가지 규모도 제법 크고 성당과 교회의 건물도 큰 편인데 특히 성당 건축도 좀 럭셔리한 느낌이 들었다. 마침 영천 친구 지인이 면장 직위에 있어 면사무소에 잠깐 들르는데 경내 한쪽에는 역대 신녕현 현감(여담 2)들의 공적을 기린 송덕비와 기타 비석이 보존되어 있었다. 면장 관사(아래)가 아직 있는가 물어보니 요즘은 교통이 편리해서 관사가 별로 필요가 없어서 없어진 지가 오래 라고 한다. 사실은 외할아버지가 서울로 가서 무역회사 하기 전에(위) 영천군에서 신녕면장을 거쳐서 수리 조합장을 지내는데 어머니가 당시 외할머니가 계시던 그 면장 관사에서 나를 낳고 몸조리를 했다 고 한다. 요즘 기준(미국 기준)으로는 나는 구 신녕현 태생인 셈이다.

4 귀촌

서울(3)에서의 삶이 힘들 때마다 나는 귀촌(아래)을 꿈꾼다. 그러나 가족의 삶이 서울에 뿌리박고 있고 어머니가 노후에 막내 동생(여담 1)과 함께 서울로 올라오면서 그 꿈은 점점 멀어져 간다. 그러다가 2018년 어머니가 돌아가시고 약간의 유산을 남기면서 나는 귀촌을 감행한다. 그러나 그 귀촌은 가족과는 상관없는 개인적인 일에 불과하고 더 정확히 말해서 가출에 가까운 것이었다. 그런데 아이러니하게도 그 가출은 이후 본격적인 저술(부록 1) 활동으로 이어진다. 아무튼 그 당시 딸 아이는 이미 고교생이고 교육권도 아내가 행사하고 있어서 이래저래 육아와 교육에서 해방이 된 데다 어머니까지 돌아 가시자 다시 방랑벽이 도진다. 귀촌을 전제로 한 그 시도는 결국 장기 배낭 여행(5)으로 끝난다.

귀촌기/ 歸村記

그 해 나는 큰 배낭 하나 더하기 캐리어 하나에 선별된 필수 품목을 넣고 일단 집을 나온다. 어디로 갈까 망설이다 북쪽으로 가기로 하고 경의선을 타고 경기 파주의 문산읍에서 내려서 선유리 란 곳으로 간다. 그렇지만 거기도 특별한 것은 없고 해서 다시 문산으로 돌아와서 1박한다. 어디로 갈까 고심하다 이번에는 남쪽으로 가기로 한다. 밤 사이에 전라도 귀촌 귀농 의 중심지라 할 수 있는 순창/ 남원 지역으로 가야겠다 는 결심을 한다. 남쪽 가운데서 경상도(영남) 쪽은 비교적 익숙한 지역이라 전라도(호남) 지역으로 가기로 한 것이다. 어느 정도 그 지역을 알아보는 과정이 필요하고 그렇게 하려면 어떤 기지(베이스)가 필요한데 가장 적합한 곳이 게스트하우스(아래)란 결론에 도달한다.

  1990년대에 개별 자유 여행(배낭 여행)을 장기간 다녀온 사람들을 중심으로 여행자 게스트하우스 란 개념이 정립되고 그 집단이 전국 각지 여행지 외곽에서 게스트하우스를 운영한다. IMF 사태/ 금융 위기 이래의 일련의 경제적 불안의 여파로 서울(3)에서 각 지역으로 귀촌(귀농/ 귀어 는 귀촌의 일부다)하는 것이 유행하면서 게스트하우스 운영도 그 한 방편이었던 것 같다. 여하튼 처음에는 원래의 게스트하우스 란 개념에 충실하지만(아직도 조금은 남아 있다) 그것이 언론과 대중의 관심을 끌고 업자들이 뛰어들면서 좀 이상한 방향으로 간다(도심형 게스트하우스도 좀 그렇다). 한국의 저가 숙박은 여인숙 〉 장급 여관 〉 모텔 로 이어지다 게스트하우스가 등장하는 셈이다.

다음 날 아침 일찍 문산에서 서울로 다시 가서 강남 고속버스터미널 호남선 터미널에서 순창행 고속버스를 무조건 탄다. 어떤 백화점 그룹에서 운영하는 센트럴 이란 영어 이름의 그 터미널은 예상 외로 호화로워서 놀랐다. 아무튼 그 소읍의 버스 터미널에 내려서 택시를 잡고 K게스트하우스로 가자고 하는데 금방 도착한다. 한 도로에서 골목으로 조금 들어간 곳에 자리한 그 곳은 이전에 그 지역에서 좀 유명했던 여관을 리모델링 한 것인데 한글 ㅁ 자 형(아래)으로 중앙에는 정원이 있고 북쪽 면은 그럴싸한 한옥에 본부와 공동 공간이 있고 나머지 3면에 객실이 있는 구조인데 칸차나부리의 졸리 프록(5)처럼 시설은 낙후하지만 게스트하우스다운 분위기는 있었다.

K게스트하우스는 당시 이른바 전국구 게스트하우스(제주 조천읍의 아프리카 란 이름의 게스트하우스도 그 가운데 하나다)의 면모가 있었다. 서울 등 대도시의 다가구 주택을 그냥 개조한 삭막한 도심형 게스트하우스와는 완전히 다르고 또한 각 지역의 방 몇 개로 소박하게 운영되는 작은 게스트하우스 보다는 규모가 있어서 교유와 사교의 공간이 있고 적절한 프로그램도 제공되는 편이었다. 도시에서 생활한 경험도 있고 배낭여행 경험이 있는 여 주인은 사교성도 좋고 약간의 매력도 장착이 되어 있어 인기도 많다. 그러나 게스트하우스 란 것 자체가 소 규모 사업이라서 직원을 두고 경영하기는 좀 애매한 측면이 있어서 노동 강도가 세고 이런저런 사람들의 대인 관계(나도 포함된다)를 견뎌야 하는 고충이 분명히 있을 것이다.

 앞서 말한 바처럼 그 게스트하우스는 중앙의 정원(위)을 둘러싼 4면의 건물로 되어있는데 입구는 서편이다(북에서 남의 방향으로 들어간다). 그 서편 입구는 카페로 개조되는데 바로 그 게스트하우스에서 만나 결혼에 골인한 젊은 부부가 운영한다. 그 곳에는 캐나다 벤쿠버 생활 경험이 있는 젊은 부인(전주 출신인데 그 지역에 산다)이 남편과 두 딸과 함께 자주 들른다. 그 카페는 온 라인에서도 전국적인 인기를 자랑하는데 그 주변의 귀촌인들도 가끔씩 들른다. 그 가운데 읍 외곽의 산지로 둘러싸인 오목한 평지에서 차를 재배하는 사람도 있다. 국내 전문한 여행작가와 그의 여 선배가 가끔씩 거기 가서 합숙하면서 일을 돕는데 나도 한 두 번 어울린 적이 있다.

아직까지 추위가 느껴지는 2월과 좀 더 따뜻한 3월과 신록이 녹음으로 갈아타는 4월까지 나는 그 게스트하우스에서 장기 숙박하면서 계획을 짠다. 그러나 노동을 싫어하고 대인관계가 그다지 뛰어나지 못한 내가 농촌 마을로 들어가서 원주민과 어울려 농사를 지을 리는 없고 그렇다고 해서 농촌 마을에서 좀 떨어진 곳에서 최소한의 비용으로 별 다른 일을 하지 않으면서 고립된 생활을 하는 것도 내가 원하는 이상적인 삶이 아니었다. 나는 스타일 상 좀 허세를 부리고 그럴 듯한 계획을 짜고 실현하는 척이라도 해야 어느 정도 만족이 되는 지라 좀 사기꾼의 느낌이 있더라도 그것을 감수하는 편이다. 결론부터 말하면 별 진척없이 그냥 시간이 간다.

그 이후의 나의 귀촌 일기는 결국은 체류형(5)의 또 다른 장기 배낭 여행으로 귀결된다. 세번째의 장기 배낭 여행인 셈이다(5/ 배낭 여행 1, 배낭 여행 2). 간단히 말해서 내 귀촌기(위)는 3년 간의 기나긴 로드 무비를 찍는 것으로 결판이 난다. 그 경로는 전북의 순창에서 남원으로 가고 다시 지리산을 넘어서 경남 산청으로 가고 다시 거기서 멀지 않은 진주로 간다. 진주에서는 비교적 오래 머무는데 그것도 진주와 부산을 자주 왕래한다. 남원에서는 전통 한옥 식의 게스트하우스에, 산청에서는 산장 스타일의 게스트하우스에, 진주에서는 거의 폐업한 여관에서, 부산에서는 주중에 반값 할인되는 저가 호텔에서 별 다른 일도 하지 않고 체류하면서 시간을 보낸다. 물론 그 사이에 특별한 이벤트가 벌어지기도 한다.

  전북 남원(위)은 내게 세 개의 지역으로 인식된다. 한옥 식 게스트하우스(위)가 있던 시내 지역은 우리에게 잘 알려진 광한루를 비롯한 성춘향의 남원인데 나는 그 곳에서 동 아프리카 산의 과일 향이 나는 커피를 접한다(외양은 한옥인 카페다). 다른 한 지역은 구 운봉현 지역인데 지리산 쪽이고 경상도 말을 쓰는데 인월면(지리산 입구다)과 아영면(유곡리와 두락리에서 가야 고분이 발굴된다)이 유명하다. 그보다는 곡성 쪽의 금지면이 더 기억이 생생하다. 그 지역에서 차를 재배하는 농가에 들르는데 거기서 몇몇 사람(아래)을 만나기 때문이다. 그 곳 길가 식당 특히 중국집이 매우 특이한데 널찍한 마당과 별관을 갖춘 가든 형(도시의 갈비집 같다)의 일반 중국집은 처음 본다(나중에 보니 순창 쪽에도 그런 데가 있었다).

남원에서는 가끔씩 지리산을 넘어간다. 전주- 부산 간 직행버스를 잡아타고 경남 산청 원지정류소에 내려서 다시 천왕봉 아래 쪽으로 들어가는 시외 버스를 탄다. 양수 발전소 맞은 편 쯤에 산장 형의 게스트하우스 'M의 부엌'이 있기 때문이다. 역시 전국구의 명성을 자랑하는 그 숙소(식당이 아니다)는 그 지역에서 나는 재료로 만든 특별한 식사를 제공한다. 여 주인 마리는 알고 보니 금지면(위)에서도 보고 구 단성현(아래)에서도 본 적이 있다. 순창의 K게스트하우스(위)와 산청의 어떤 고택(강변이다)이 교류할 때 지리산을 넘어서 산청의 구 단성현 지역(오랜 역사의 남사리의 고택 마을이다)에서 경상도 인원들과 만난 적이 있기 때문이다(나는 순창의 전라도 인원의 일부로 참여한다).

'M의 부엌'에도 전국 각지에서 오는 사람들이 많고 가끔씩 고객을 상대로 한 프로그램도 실시된다. 한번은 공예 관련 프로그램이 끝나고 그 쪽 인원의 차를 얻어 타고 원지(위)로 가서 셋이서 어탕을 먹고 헤어지는데 진주의 어떤 게스트하우스에 한번 가보라는 얘기를 듣고 진주로 향한다. 거기서 나의 진주 시대가 열린다. J게스트하우스에서는 1박만 하고 무슨 이유인지는 모르지만 그 옆의 폐업 수준의 여관이 1달짜리 숙박을 한다 해서 1달만 살아 보기로 하는데 거기서 1년 이상을 보낸다. 매일 아침 8시면 대로 건너편 스타벅스로 가서 샌드위치와 커피를 먹고 점심/ 저녁은 여러 가지 다른 메뉴를 먹으면서 꽤 규칙적인 생활을 하는데 가끔씩 서쪽으로 산청 한번(M의 부엌)/ 동쪽으로 부산(아래) 한번 바람을 쐬고 온다.

그러다가 주말(금 토 일)에는 진주/ 주중(월 화 수 목)은 부산

광안리에서 보내는 이중 생활로 접어든다. 광안리의 저가 호텔은 주중에는 한산해서 대폭 할인 요금을 적용해서 그것을 노리고 들어간 것이다. 대구 사람들에게는 매우 특별한 도시 부산(1) 그것도 휴양지 느낌이 나는 광안리에서 원 없이 지낼 기회가 온 것이다. 나는 오랜 기간 개별 자유 여행(배낭 여행)을 한 경험 때문인지 몰라도 여행자 거리(5)를 좋아한다. 적어도 부산에는 광안리와 차이나타운이 있다. 광안리도 좋지만 개항 이래의 역사가 있는(물론 그 이전의 역사도 있다) 차이나타운 거리도 참 좋다. 지금도 한 달에 한 번은 미리 계획하지 않는 개별 자유 여행(위) 스타일로 남쪽으로 향하고 아직도 그리운 부산을 가급적이면 들른다.

결국 세번째 배낭 여행은 2020년 연말에 절친 Y가 아들 결혼식에 나를 특별히 초청하고 거기에 참석하러 서울(3)로 한 번 들어갔다가 그만 동력을 잃고 30여개월 만에 끝이 난다. 그 마지막 배낭 여행이 역대 최장기 여행으로 기록이 되는 셈이다. 정확히 말해서 지금까지는 마지막 배낭 여행이지만 앞일은 누구도 알 수 없다. 그렇다고 해도 네번째 배낭 여행에 그다지 집착할 필요가 없기는 하다. 어차피 멀지 않아 또 하나의 기나긴 여행이 나를 기다리고 있기 때문이다. 그 여행을 떠나기 전에 나는 서둘러서 남은 저작을 마무리 짓고 그 과정을 책으로 남길 예정이었는데 어쩌다 보니 그 과정을 적은 책(바로 이 책이다)이 먼저 나오게 된 셈이다.

주식음/ 株式吟

 주식음(吟)이란 제목의 이 글은 나의 주식 투자 전 과정의 보고서 다. 나의 주식투자 역사는 좀 오래된 편인데 본격적인 투자는 대학강사(부록 3)를 그만두고 나서 말하자면 학계에서 퇴각(5)하고 난 후에 재개된다. 그 뒤로 수십년에 걸쳐서 현물/ 선물/ 옵션 의 세 단계를 모두 섭렵한다. 나는 주로 코스피(KOSPI)와 코스피 200을 중심으로 투자하고 이후의 코스닥(KOSDAQ) 또는 훨씬 더 후의 미국 주식은 손대지 않는다. 코스닥 주식과 미국 주식을 시도하지 않은 것은 무슨 철학이 있어서 가 아니다. 그보다는 시장 환경 변화에 그다지 기민하지 못한 결과일 수도 있지만 가장 직접적인 원인은 어렵게 마련한 원금이 점점 줄어들어 할 수 없이 레버리지가 높은 상품으로 옮겨갔기 때문일 것이다.

또한 정보 위주 혹은 재료 위주의 거래도 선호하지 않았고 여러 가지 업종 또는 종목의 순환매에도 그렇게 관심이 없었다. 그렇다고 해서 우리 산업의 미래 추세를 반영하는 종목을 미리 잡는 방식의 매매도 하지 못한 것 같다. 결과론이긴 하지만 우리가 잘 아는 포스코 〉 케이티 〉 삼성전자 〉 네이버 순으로 초반에 사서 보유하다 던지고 다음 종목을 사서 보유하다 넘겼다면 벌써 나의 또 다른 꿈(아래)은 이루어졌을 것이다. 만일 그런 방식을 추구했다면 현물(위)에서 승부가 나서 결코 선물/옵션의 세계로 나가지도 않았을 것이다. 결국 기본적 분석보다는 기술적 분석(아래)을 선호했고 기업의 가치보다는 지수 움직임에 더 치중한 셈이다.

그렇다고 해서 내가 기술적 분석에 대해서 깊이 공부하고 다양한 기법을 개발한 것도 아니다. 그 분야 또한 이른바 찌라시(정보 판매업자)들이 장악해서 온갖 이론을 쏟아붓고 있었기 때문에 그들과 엮이고 싶지 않았기 때문이다. 한편으로는 은행 외환 딜러 출신의 고교 동기 Y가 당시로서는 선진적인 분석 기법을 접해서 그럴듯한 이론을 설파하는 터라 적어도 위의 찌라시들이 정규군 수준이 아니라 거의 게릴라 공비 수준이라 생각하고 있었을지도 모른다. 피보나치 수열에 주로 의존하는 그 친구의 분석에 비해서 좀더 산뜻하다고 여긴 나의 비장의 무기가 없었다고 할 수는 없지만 그것도 완벽한 것은 아니었다고 할 수밖에 없다.

결국 종목보다는 시장(마켓)을 사는 것에 치중하고 기본적 분석보다는 기술적 분석을 선호하는 방식으로 치달은 나의 투자 방식은 원금이 점차 줄어들면서 더욱 더 정교(아래)한 방식이 요구되는 처지가 된다. 그러한 정교함의 추구가 이론상 레버리지(아래)와 동거가능한 것이리라 낙관한 것 같다. 그래서 얼마 지나지 않아 현물은 이미 도외시되고 선물 더 정확히 말해서 코스피 200 선물에 매료가 되었다. 당시는 한국에서 주식 선물 시장이 활성화되어 세계 2위의 규모를 자랑할 때였다. 그래서 유동성이 엄청난 규모였고 한 번에 거의 1000계약을 바로 들어갔다 나올 수 있을 정도였다. 이론 상 한 계약 50만원에 당시 지수 200포인트를 곱하고 1000계약이면 1000억을 바로 넣었다 뺏다 할 수 있는 신천지였다.

1000억을 넣어서 보수적으로 4포인트(2%에 해당한다)의 수익율을 올리면 월 20억은 기본이란 계산이 나온다. 그러나 현실은 10억도 한번 찍어보지 못하고 원금이 계속 줄어 대략 레버리지 10배(더 정확히는 6.7배)의 선물이 아니라 거의 100배의 옵션 시장을 헤매는 신세가 된다. 그래도 무언가 소득이 있다면 선물 시장이 현물 시장을 뒤흔든다 는 의미의 꼬리(선물 시장)가 몸통(현물 시장)을 뒤흔든다 는 말을 인문학(역사)의 학술 용어로 승화시킨 공로가 있다는 것이다. 한반도 3조(아래)와 근대(아래)와의 관련에서 근대주의자들은 꼬리(근대)가 몸통(한반도 3조)를 뒤흔든다는 비판인데 2025년에 나온 저작("한국 사람") 13장(근대주의 딜레마)를 참조하기 바란다.

내가 주식 투자에 열광한 것은 다만 학계 퇴각(위) 후의 생활고를 해결하기 위한 방안 정도는 아니었다. 그보다는 더 큰 야심이 작용하는데 어차피 자본주의 사회에 살고 있는 한(또는 봉건 사회 라 하더라도 마찬가지다) 경제는 중요하고 경제는 자유를 넘어서 권력까지 가져온다는 당연한 원리를 한번 실현해 보고 싶어 서였다. 물론 경제 아닌 정치/ 사회/ 문화의 측면도 분명히 있지만 기본적으로는 경제가 본인 당대뿐 아니라 자식과 손자 대(그 아래는 볼 수 없으니 일단 제외한다)에 가장 확실한 자유와 권력을 가져온다는 것은 부인할 수 없는 사실이기 때문이다. 현대의 교육받은 중산층도 자식 대에 또다시 교육을 받고 좀더 나은 직장을 위해서 죽어라 경쟁해야 하는 악순환을 반복한다.

경제적 권력은 현대인들이 상당히 피부에 와닿게 체감하고 있다. 특히 공공 부문이 아닌 민간 부문에 직장을 잡은 사람들은 더 그럴 것이다. 출발점이 완전히 다르고 세습까지 되는 대 기업(재벌 회사) 오너가(家) 멤버들의 경제에서 나오는 권력을 그 조직 안에서 직접 느낄 것이다. 대 기업 임원은 물론이고 대표 또는 부회장 급의 직장인들도 예외 없이 그 집단의

'머슴'일 수밖에 없다는 것은 진실에 가깝다. 지면을 통해서 아니면 드라마 속에서 다른 사람들도 그것을 느낀다. 다만 급여 수준이 높아서 이후의 경제적 자유(위) 정도는 가능하다는 것은 큰 장점이다. 중소 기업 오너 가족도 비슷한 경우지만 대 기업과 중소 기업(아래)이 상하 관계인 한국적 상황에서 그들의 권력은 제한되기 마련이다.

나도 물론 사업가로 크게 성공하면 그 범주에 도달하겠지만 애초에 경력과 성향이 그 쪽과는 관련이 멀고 그나마 가장 현실적이라고 볼 수 있는 사업이 주식 투자 라고 할 수 있다. 만일 투자에 성공해서 어느 정도의 위치에 올라간다는 가정 하에 다음 단계는 중소 기업(위) 인수보다는 다른 상층 도전 이란 계획을 가지고 있었다. 최 상층인 대 기업 또는 재벌 회사 가 아닌 다른 상층은 경제(위)보다 사회/ 문화(아래)와 더 밀접한 관련이 있다. 정치도 엄청난 권력이 있긴 하지만 그 향유 기간이 짧고 세습이 되지 않아 그 자식들은 중산층의 자제(위)처럼 처음부터 다시 경쟁해야 한다. 그에 비해서 사회/ 문화 쪽의 어떤 분야는 그 영향력이 만만치 않고 세습도 가능하다.

 언론/ 대학/ 병원(아래)이 그것이다. 현재 언론/ 대학/ 병원도 대 기업이 어느 정도 장악하고 있긴 하지만 아직도 가능성이 있다. 만일 100억이 아니라 1000억대의 자산이 있다면 충분히 잡을 수 있기 때문이다. 웬만한 학원 재단(부록 3) 운영자는 1980년대 대학 증원의 바람을 타고 대학 하나 정도는 가지고 있고 한 경기도 버스업자도 충북의 한 4년제 대학을 가지고 있다. 언론도 주요 일간지는 이미 재벌 이상의 영향력을 행사하고 있고 마이너 언론사도 꽤 괜찮다. 영화 배우 아들인 한 아이비리그 출신 유명인(5)도 언론사를 사서 되파는데 적성에 전혀 맞지 않는 정치는 그만두고 여유 있게 사회적 기업을 운영하고 있다. 병원(의원이 아니다)도 대학이나 재벌이 가지고 있지만 틈새는 있다.

 재벌 다음의 상층은 언론/ 대학/ 병원 을 가진 계층(그 직원인 기자/ 교수/ 의사 를 말하는 것이 아니다)이고 사회적 영향력도 만만치 않다. 통상 대한민국 1%(50만)라는 말을 많이 하는데 사실 0.01%(5000명)가 진정한 상층 이라 할 수 있다. 1%는 대략 금융 자산 10억 정도의 사람이 해당하는데 서울 강남(3)에 집이 있는 경우는 대략 30억 이상 정도의 자산을 가진 그룹이다. 그 계층을 나는 좀 분명하게 인식하는 편인데 1반 모임(1)에 나오는 친구들 상당수가 거기 속하기 때문이다. 물론 그것은 공공 부문 또는 민간 부문에서 30년 동안 괜찮은 직위에서 근속한 대가이기도 하다. 사업하는 사람들은 제 각각이라 정확한 것을 파악하기 힘든다. 물론 1반에는 0.1%(대략 금융 자산 100억)도 몇몇 있을 것이다.

여하튼 경제적 자유(위, 아래)는 경제적 권력(위) 정도는 아니더라도 어느 정도의 자산이 있고 그것의 운용이 가능할 경우 가장 효과적으로 얻을 수 있다 는 것을 전제로 하는 말이다. 만일 금융 자산 10억에 연 10%의 운용 능력이 뒷받침된다면 연 1억의 수익으로 아껴 쓸 경우는 다음 해 생활비를 제외하고도 인플레 방어 비용과 재 투자 비용까지 가능하고 자산이 점점 더 늘어난다. 그래서 점점 더 유리한 방향으로 가게 된다. 경제적 자유론 은 나의 이론은 아니고 막내 동생(여담 1)의 경제적 지론인데 경제적으로 무능한 내가 그 동생을 만날 때 보통 한 두 시간 경제 강의를 듣게 된다. 딸 아이도 가능한 한 빨리 경제적 자유(위)를 얻길 진심 기원한다.

문제는 어떻게 금융자산이 10억까지 올라가고 어떤 방법으로 연 10%의 성과를 꾸준히 유지할 수 있는가 일 것이다. 우선 10억을 모으는 것은 우리 세대(라떼)에서는 대부분 교육을 받고 좋은 직장을 다니고 주식 투자를 공격적으로 하지 않는 경우에 30년 후에 도달하는 경지다. 위의 1%가 그 결과다. 60대에 비로소 그러한 경지에 오른다 하더라도 연 10% 운용(위) 기술을 연마하기에는 시간이 그다지 많지 않다. 대부분 부동산 비중(평균 80%에 해당한다)을 줄이지 못하고 빈약한 현금 흐름을 겨우 유지하고 결국 나이가 더 들고 난 후에 그것을 자식에게 상속하게 된다. 대한민국(남한) 대부분의 사람들은 상속세와는 전혀 상관이 없는 삶을 살지만 위의 1%는 상관이 생기기도 한다(그것 자체가 영광일 진데 자식들의 상속세를 국가에서 내주길 바라기도 한다).

5 배낭

1997년은 평생 잊을 수 없는 한 해다. 그 해 나는 그 간의 대학원(부록 3)과 관련된 경력을 완전히 내던지고 초기화된다. 그 결정이 자발적이란 것은 분명하지만 결과적으로는 퇴출 당한 것이란 평가가 붙는다는 것은 어쩔 수 없는 일일 것이다 ('퇴각의 변'은 장문으로 썼지만 너무 구질구질할 수도 있어서 이 책에는 싣지 않는다). 그 결정은 이후의 내 인생에 다대한 영향을 미치고 가족 내에서의 파장도 만만치 않았다. 그런 힘든 상황이 올 것이라는 것도 충분히 예측이 가능한 것이지만 여하튼 나는 뛰쳐나온다. 다만 배낭 여행(아래)과 주식 투자(4/ 주식음)와 육아 전쟁(아래)으로 바로 이어지는 그 시기는 단지 그것에 머물지 않는다(부록 2).

배낭 여행 1

한국(대한민국)은 짧은 시간 안에 통상 무역 국가로 발돋움하지만 거의 20세기 말에 와서야 해외 여행 자유화(아래)가 된다. 우리 시대(라떼)에는 해외로 나가 보기 위해서 외무고시

(국립외교원 과정으로 대체된다)를 치고 외환은행(H은행이 된다)에 지원하고 무역공사(KOTRA)에 들어가고 민간의 종합상사, 항공사에 취업을 하는 예도 있을 정도였다. 단순히 외국에 대한 선망이 직업 선택도 좌우한 셈이다. 상당 기간 관광 목적의 해외 여행은 몇몇 선진국 국민에게만 허락되는 그 무엇이었다. 더 넓혀서 말하자면 관광 목적의 여행 자체가 서구 기준으로도 오랜 기간 상층(상류 계층) 만의 특권이었다. 19세기 후반 이래 중산층 이란 것이 등장하고 교통 수단이 일반화되면서 겨우 상층의 독점이 깨지기 시작한다.

해외 여행이 자유화(위)한 다음 단체 패키지 여행(아래) 상품이 나온다. 처음에는 그 자체가 중상층이 향유하는 아이템이었다. 그러다가 어느 순간 개별 자유 여행(아래)이 등장해서 이른바 배낭 여행의 시대로 접어든다. 일부 모험심이 있는 젊은이들은 개별 자유 여행(배낭 여행)을 시도하고 당시 전 세계 젊은이(주로 서구권이다)들의 배낭 여행 성지인 동남 아시아가 주 무대가 된다. 태국(아래)을 위시해서 필리핀, 말레이시아, 인도네시아, 베트남 그리고 뒤에는 라오스가 들어간다. 항공편의 거점이 되는 대 도시와 관광 자원을 갖춘 몇몇 도시에서 착한 가격의 숙소(게스트하우스), 카페, 식당이 밀집한 지역이 생기고(방콕의 카오산 로드가 대표적이다) 그런 지역들을 연결하는 교통편이 제공되고 해당 지역 주변 투어도 나오는 등 인프라가 조성된다.

어떻게 말하면 서 유럽/ 북미/ 호주 의 20대 초반이 주도하는 개별 자유 여행(배낭 여행) 붐이 일면서 동남 아시아 지역에 구축된 여행 인프라에 당시 1인당 국민소득이 거기에 준하는 일본의 젊은이들이 먼저 편승하고 이어서 한국의 젊은이들이 탑승한 것이라고 할 수도 있다. 1997년(위) 전후해서 서울 인사동 또는 홍대 앞에는 여행 카페가 생겨서 그 경험을 한 사람들이 개별 자유 여행(위) 정보를 제공하고 가게를 유지하는데 이후 인터넷 시대가 오면서 그 업종 자체가 와해된다. 그 시대에는 그럴듯한 직장이 없거나 그럴듯한 직장을 그만두고 나온 사람들이 주로 배낭 여행(위)을 한다. 그 가운데 일부 글재주 있는 사람이 신문 잡지에 여행기를 기고하고 여행 서적을 내면서 배낭 여행이 확산되는데 홍보회사 출신의 비야비야한 이미지의 여성 H씨는 거의 전국구로 도약한다.

  학계 퇴각(위) 이후 잠시 무료한 시간을 보내던 나는 어떤 신문의 기사를 읽고 어떤 여행 카페에 들르고 거기서 시작해서 1세대 개별 배낭 여행을 한 사람들을 만나서 상당 기간 교유한다. 그 세계에서는 국제 페리(인천- 천진 노선)로 중국에 상륙한 다음 육로로 중국 서부 〉 파키스탄 〉 이란 〉 터키 를 거쳐서 포르투갈 대서양 연안의 호카(Roca) 곶을 찍고 항공편(비로소 하늘이다)으로 돌아오는 코스 정도는 뛰어 줘야 어느 정도 대우를 받는 듯했다. 그리고 앞서 말한 동남 아시아 관련 지역에서 게스트하우스를 운영하는 사람도 있었다. 나도 수시로 방콕행 할인 항공권을 끊어서 느긋한 서구식의 개별 자유 여행(배낭 여행)을 하면서 동남 아시아 배낭 여행 인프라(위)를 어느 정도 활용은 한 셈이다.

  사실은 내 첫번째 해외 여행은 개별 자유 여행(배낭 여행)이 아니라 단체 패키지 여행(위)이었다. 그 여행은 아직까지도 내게는 거의 유일한 패키지 여행으로 남아 있다. 내 학문 생활이 뿨(b), 풔(p), 뭐(m), 풔(f) 란 중국어(현대 한어)(부록 3/ 서관사) 자음 발음 학습으로 시작이 되고 명색이 구 중국(2025, 24장 25장)의 문학과 철학 사상을 전공한 사람으로서 책 속에서만 본 중국 대륙을 직접 눈으로 보고 싶은 것은 너무나 당연한 일이었다. 대만(나는 대만과는 큰 인연이 없다)이 아닌 중국 대륙은 한 중 수교(1992) 이후 방문의 길이 열리지만 그 시점을 잡기가 여의치 않았다. 드디어 1997년(위) 기회가 온다. 신문의 여행 광고를 보고 3협 댐 공사로 인해 마지막 기회(이후 10년 이상 그런 광고가 났다)란 말에 낚여서 장강 3협 투어를 신청해서 천진 〉 중경 〉 3협 〉 무한 〉 황산 〉 상해 를 여행한다.

비록 단체 패키지 여행(위)이긴 하지만 나는 그 동안 문학 작품 속에서 상상하던 중국의 모습을 어느 정도 체감하고 온 듯하다. 장강(양쯔강)의 상류, 중류, 하류 지역을 두루 둘러본 셈인데 3협(위)은 물론이고 무한 3진(무창, 한양, 한구)과 황산과 휘주의 건축물과 당시 개발이 진행되던 상해 포동(황포강 건너 동쪽이다) 지구까지 일단 중국의 핵심적인 몇몇 측면을 스케치 식으로 본 것은 그나마 성과였다. 이후 나는 용기를 내서 주로 중국 행 국제 페리(아래)를 타고 가서(해로다) 여러 지역을 둘러본다. 산동성의 황하 하류와 곡부와 태산/ 하남성의 닉양과 안양과 숭산/ 섬서성의 위수와 함양과 화산 등이 기억에 남는다. 현재 신 중국의 지역 구분인 화북/ 화동/ 중남/ 서북/ 서남/ 동북(2025, 7장) 가운데 화북/ 화동과 동북(만주)은 국제 페리(아래)로 바로 접근할 수 있는 지역이다.

비교적 먼 서북 지역은 청도(국제 페리)를 경유해서 강소성 연운항(Lianyungang)에서 서안(Xi-an)까지 장거리 철도를 이용해야 한다. 서북 보다 더 먼 서남(운남, 사천, 귀주) 지역은 주로 홍콩행 할인 항공권이 싼 계절에 홍콩을 경유해서 간다. 거기서 심천(Shenzhen) 광주(Guangzhou)로 이동해서 오주(Wuzhou)까지는 배편으로 가고(주강 즉 서강 을 거슬러올라간다) 다시 육로로 귀주성으로 들어간다. 서남 지역은 중국 대륙 기원의 소수 민족이 다수 분포하는데 장, 태, 동, 수, 묘, 요(부록 3) 집단은 한어 계통 언어 사용 집단이다. 국제 페리(위)는 서해 바다/ 발해 바다를 가로질러 꼬박 24시간 걸려서 도착하는 천진(Tianjin) 노선이 유명하다. 이후 위해(Weihai) 청도

(Qingdao) 노선과 대련(Dalian) 노선(동북 으로 철도가 연결된다)이 생긴다. 화동인 소주- 항주 간 대 운하를 심야 배편으로 이동한 적도 있다.

동남 아시아에는 화교가 많이 살고 있다. 방콕만 하더라도 큰 건물 등에 한자를 심심치 않게 볼 수 있다. 방콕뿐 아니라 작은 도시에도 곳곳에 한자 간판이 보인다. 다만 태국 화교는 거의 현지화해서 가정에서도 출신 지역의 방언(대부분 민남어, 객가어 다)이 아니라 태국어를 사용한다. 사실 태국 자체가 중국 대륙 서남 지역(위) 운남성의 태족(위)이 현재의 태국 북부로 정복자 기원 방식(2018)(아래)으로 들어가서 국가를 세우고 이후 차오프라야 강 주변까지 확장한 것이다. 동남아의 상업은 화교들이 상당 부분 장악하고 있다는 것은 상식에 속하는데 싱가포르(다 민족 도시 국가 다)는 말할 것도 없다. 말레이시아도 페낭 같은 도시에서는 구공사(邱公司) 같은 화교 사회를 상징하는 큰 건물이 많다.

당시 동남 아시아가 배낭 여행의 성지인 것 맞지만 인도(아래)도 그 한 축을 이룬다. 인도 자체가 워낙 독특한 문화를 지닌 지역이고 한국 출판계에서 명상이 한 때 유행하면서 신비한 인노(?)가 주목을 받는다. 인도는 인도 아 대륙(Indian Subcontinent)라고 불리는데 원래 대양 한 가운데의 한 덩어리의 땅이 유라시아 대륙으로 이동해서 붙어버린 것(히말라야 산맥은 그 결과다)이라서 붙은 명칭이다. 그 아 대륙은 인도-유럽어 계통의 언어를 사용하는 집단(아리아족)이 대략 3700년전(BP)에 정복자 방식(위)으로 그 지역으로 들어가서 카스트제 란 독특한 사회제도를 유지하고 얼마 전까지도 강렬한 문화가 그대로 존속한 지역이다. 나는 방콕- 카트만두 할인 항공권으로 일단 그 아 대륙으로 들어가서 네팔과 북 인도를 중심으로 둘러보는데 그 때 접한 문화적 이질성은 지금도 기억에 생생하다.

지구 상의 민족 집단(아래)에 대해서는 다양한 책에서 여러 가지로 거론이 되고 있지만 현재까지 가장 집약적인 방식으로 그것을 기술한 것은 아마 내가 쓴 책(부록 1)의 참고문헌에 어김없이 등장하는 *Human* (Winston 2004)일 것이다. 런던의 한 출판사에서 나온 그 책은 인류에 관한 거의 모든 것 이라 할 수도 있는데 기원/ 몸/ 마음/ 생애 주기/ 사회/ 문화/ 민족 집단 에 관한 여러 주제들을 풍부한 시각 자료를 곁들여서 설명한다. 그 가운데 마지막 부분인 민족 집단(Peoples)은 지구 상의 대륙을 좀더 세분해서 10개 지역으로 나누고 각 지역의 민족 집단(부록 2) 각각에 대해서 간략한 설명이 더해진다. 인도 아 대륙(위)도 그 한 부분인데 다양한 언어와 문화를 가진 수많은 집단이 소개된다.

 동남 아시아 개별 자유 여행(배낭 여행) 때 게스트하우스와 도시간 교통 수단 안에서 많은 유럽인(아래)을 접한다. 다만 동 유럽계는 드물었는데 그 집단은 다른 기회에 접할 기회가 있었다(아래). 유럽인(위)은 북미/ 남미/ 호주 대륙에 정복자 기원 방식(위)을 들어간다. 북미 대륙과 호주 대륙의 원주민에 대해서는 우리가 상대적으로 익숙한 편이고 태평양 상의 여러 해양 민족도 어느 정도 소개되어 있다. 중남미의 메스티소도 요즘은 한국에서도 어렵지 않게 볼 수 있다. 중동과 북 아프리카는 중동에서 전쟁이 날 때마다 언론에서 상대적으로 많이 소개가 된다. 사하라 이남 아프리카는 현생 인류의 발

상지이기도 하다. 그런데 한반도의 민족 집단(2025, 15장)과 더 많은 관련이 있는 집단은 유라시아 대륙 가운데 북/ 중앙 아시아와 동 아시아 다.

2001년 이후 역사 공부(부록 2)로 넘어가면서 나의 연구 생활은 완전히 새로운 국면으로 접어든다. 그 분야로 뛰어든 뒤에 여러 단계를 거치면서 우리가 현재 살고 있는 한반도의 민족 집단(위)은 누구인가 를 탐구하고 어느 정도의 결론에 도달한다. 그런데 학계 퇴각(위) 이후의 배낭 여행(위)은 눈에 보이지 않게 그 연구에 영향을 미친다고 할 수 있다. 한국 한국인 에 대한 연구(부록 1)는 그러한 여행의 과정에서 가닥이 잡히기 때문이다. 이전의 한국 민족(한민족)의 기원에 관한 연구(2018, 2019, 2020 a b, 2021 a b c, 2023)에 이어서 한국 사람/ 한국 사람 2 란 개념(2025, 2장 3장)에 도달한 데에는(부록 1) 상당 기간에 걸친 개별 자유 여행(배낭 여행)의 경험이 음으로 양으로 작용한다.

배낭 여행 2

2001년 40이 넘은 나이에 딸 아이가 태어나고 육아(위)에 매달리면서 단독 해외 여행은 더 이상 물리적으로 가능하지 않은 것이 된다. 우리 가족은 딸 아이가 만 4살이 되기를 기다려서 가장 가깝고 여행하기 편리한 나라인 일본(아래)을 방문한다. 내가 좋아하는 해로(위)로 갈 수 있는 규슈(九州)를 개별 자유 여행(배낭 여행)으로 가기로 한다. 부산에서 페리를 타고 후쿠오카(福岡)에 상륙해서 그 도시 명소와 거기서 가까운 몇 개 도시를 돌아볼 기회가 되었다. 나중에 확인해 보니 아이가 기억하는 장소는 딱 하나였다. 후쿠오카에는 꽤 유명한 호수 공원이 하나 있는데 거기 가서 탄 스완 보트 다. 인근 지역의 네덜란드 촌에서는 어떤 여행객이 용돈하라 고 굳이 1000엔을 주는데 그것도 기억할 지 모르겠다.

그 다음 해 딸 아이를 데리고 일본 배낭 여행을 한 번 더 가는데 항공편으로 중소 도시로 들어가서 그 주변을 돌아보는 컨셉이었다. 일단 시고쿠(四國)의 다카마쓰(高松)로 들어가서 마쓰야마(松山)까지 이동하고 거기서 세토(瀨戶) 내해를 건너서 혼슈(本州)로 넘어간다. 내해 사이의 여러 섬을 교량으로 연결한 멋진 길(국립 공원이다)을 건너면 혼슈의 히로시마(廣島) 현이고 오카야마(岡山) 현으로 이어진다. 거기서 내해를 건너 다카마쓰(위)로 돌아오는 일정이다. 특히 기억에 남는 것은 중소 도시로 알고 있는 다카마쓰가 부두 쪽은 굉장히 세련된 지역이 있었다는 것과 당시 방금 연결된 인천- 다카마쓰 노선은 엄청나게 비싼 가격을 물었다는 것이다(도쿄/ 오사카 같은 대도시는 할인 항공권을 구할 수 있다).

2008년이 되자 드디어 기회가 왔다. 딸 아이가 초등학교 입학을 앞두고 당시 유행하던 조기 유학을 고민한 것이다. 한 유명 배우(라떼다) 아들이 미주 미국 조기 유학을 가서 동부의 H대학에 들어가는데 그 과정을 적은 책이 출판계를 강타하고 당시 세계화의 물결과 국내 대학 입시 경쟁 회피와 맞물려 조기 유학 붐이 일어나고 기러기 아빠가 속출한다. 나는 내가 아이를 데리고(그러니까 기러기 엄마가 된다) 외국에 나가서 좀 살고 싶은 사심이 작동해서 일단 영어권 조기 유학을 타진하는데 아내가 경제적인 문제를 제기해서 잘해야 필리핀 정도가 가능할 것 같았다. 마침 그쪽은 미국 학사 일정과 같은 9월 입학이라 한 학기는 여유가 있어서 일단 필리핀에 건너 가서 더 알아보고 결정하기로 한다.

그래서 초교 입학 통지서를 유예하고 유치원 친구들 어머니들한테 인사를 하고 떠나기는 떠나는데 내가 중국 대륙 본토는 대충 다녔지만(위) 최남단의 해남도(Hainandao)는 가보지 못해서 일단 해남도로 가서 좀 놀다가 필리핀으로 들어가기로 한다. 한 밤중에 해남도 최남단 삼아(Sanya) 공항에 도착해서 택시로 시내의 게스트하우스로 가면서 짧은 삼아 시대가 시작된다. 낮에는 해변에 가서 놀고 밤에는 야시장을 돌아다니면서 별 걱정 없이 시간을 보내는데 아내가 우리가 떠난 후에 암만해도 그건 아닌 것 같다는 판단을 한 것인지 한 달도 되기 전에 두 사람은 서울로 압송이 된다. 삼아는 극동 러시아 러시아인들이 값싼 중국 국내선(하얼빈- 삼아 노선)을 이용해서 갈 수 있는 피한지로 인기 최고였다.

부랴부랴 연희동의 그 학교에 가서 유예서(위)를 보여드리고 입학 가능인지 문의한다. 마침 1반 담임이 그 학교에서 좀 엉향력 있는 분인데(교감 승진 일 순위로 학교의 중요한 일을 도맡아서 돕는 듯했다) 남초 반(당시 모든 반이 남자 아이가 더 많았다)에 여자 아이 하나라도 확보해서 남남 짝궁 하나라도 구제해야 한다는 사명감으로 허락해서 겨우 입학한다. 연희동에서 어린이집도 다니고 체육 유치원(당시 서대문 구청에서 운영하는 체육관 부설의 유치원이다)도 1년 다니고 영어 유치원도 1년 다니고 다음 해에 또 일년을 연장해서 다닌(졸업식 날 모든 아이가 영어로 1분간 똑 같은 자기 소개를 하는 진 풍경을 연출한다) 그 동네 토박이 급인 딸 아이는 졸지에 1반에서 어디서 전학을 온 아이 대우를 받는다.

몇 년 뒤에 딸 아이가 3학년 때 또 한번 사심이 작동한다. 우리가 잘 알다시피 3월 개학인 한국 학교에서 2월은 대충하는 달이다. 그래서 12월 한 달을 잘 빼내면 12, 1, 2월 석 달을 해외에서 장기 체류가 가능하다 는 계산이 섰다. 그래서 아내와 담임을 설득해서 기어이 아이를 데리고 석 달짜리 개별 자유 여행(배낭 여행)을 떠난다. 방콕 신 공항에 도착해서 태국 북부 치앙마이로 이동하려는 데 웬걸 항공권이 죄다 매진이다. 태국은 세 계절이다. 3~5월 까지가 혹서기(酷暑期)이고 그 이후가 우기이고 11~2월은 쾌적한 건기인데 우리는 여행 성수기(건기)에 딱 걸린 것이다. 그래서 일단 딴 데를 둘러보기로 하는데 환락 도시인 파타야는 교육 상 좀 그렇고 해서 동쪽의 아유타야와 서쪽의 칸차나부리 가운데 하나를 택하기로 한다.

무슨 연유인지는 몰라도 우리는 칸차나부리로 향한다. 칸차나부리 시외 버스 정류장에 내려서 근처(시내다)에서 파스타를 하나씩 먹고는 외곽 강변의 여행자 거리 마을로 입성한다. 이른바 칸차나부리 시대가 열린다. 강변의 여러 게스트하우스 가운데 우리는 가장 오래되고 멋진 졸리 프록(Jolly Frog)이란 이름의 숙소를 택한다. 여행자 거리(위)에서 남쪽으로 난 짧은 골목을 조금 들어가면 열대의 큰 나무(대형 은행나무 급이다)가 하나 있고 몇 걸음 들어서면 왼쪽에 리셉션이 있고 바로 옆으로 열대 느낌의 식당(레스토랑)이 자리 잡고 그 오른쪽에도 별관처럼 식당이 연결된다. 그 사이로 쑥 들어가면 숙소 건물이 나온다. 한글 ㅂ 자 형인데 중앙에는 단층/ 양 쪽 좌우에는 복층의 숙소 건물이 배치되어 있다.

 물론 1박에 250바트(우리 돈 10000원)라 안의 시설은 낙후하지만 적어도 겉 모습은 꽤 그럴 듯하다. 우리가 처음 갔을 때는 주로 서 유럽/ 미주/ 호주 에서 온 젊은 사람들이 대부분이고 가끔 나이든 서양 할배들도 보이긴 한다. 우리는 하루에 네 번씩 식당(레스토랑)을 찍는다. 아침은 아메리칸 스타일로/ 점심은 태국식 레드 커리로 된 라이스나 누들을/ 저녁은 그 앞의 강에서 잡은 생선을 홍사오(紅燒) 양념으로 요리한 것 더하기 다른 요리 하나를 더 곁들여서 먹는다. 오후 세시쯤에는 레스토랑 위로 돌아가는 선풍기 밑에서 각종 음료와 간단한 디저트를 즐긴다. 오리지널 중국 요리(한국식 중국이 아니다) 베이스에 동남아 향료가 가미된 세계 최고 반열의 태국 요리를 원 없이 먹는다(생선 요리도 100바트 4000원이면 충분하다).

 식당 공간에서 지내는 시간이 많다 보니 나중에 한국에서 온 사람들이 저 팀은 하루 종일 레스토랑에 있다 는 평을 남긴다. 반드시 그런 건 아니다. 낮에는 숙소 테라스의 나무 의자에 앉아서 앞으로 보이는 강을 쳐다 보고(물멍이다) 저녁에는 길가 텐 바트 바(길 가에 아주 조그만 의자를 내놓고 10바트 400원짜리 칵테일을 판다)에 앉아서 시간을 보낸다. 결혼한 젊은 여성 바텐더가 말 상대를 해주고 아이 언니 노릇도 해 준다. 다른 지역과는 달리 가끔씩 그 지역의 태국 젊은이들이 그 옆에 잠깐씩 들르는데 그것도 나쁘지 않다. 정말 멋진 것은 숙소 3면에 둘러 쌓인 널찍한 정원이다. 야자수가 한 두 그루 높이 서 있는 넓은 잔디밭인데 모두가 자고 있는 써늘하고 고요한 아침 시간은 나 혼자라 더 좋다.

물론 교유(交遊)의 시간도 있다. 처음에는 텐 바트 바 사람들과 거기 들리는 사람들과 많이 대화한다. 다른 한 텐 바트 바는 70대 미국 출신 할배가 주인인데 역시 결혼한 젊은 여성인 바텐더가 문 열기 전에 매일 노인에게 생선 한 마리가 들어간 태국식 식사를 제공하던 것이 생각이 난다. 그리고 1월 성수기에는 한국에서 온 젊은 남녀가 많았는데 여성 여행자

들은 딸 아이랑 잘 놀아주었다. 대구 출신의 갓 이혼하고 온 젊은 여성은 10살 어린 뉴질랜드 유학생하고 같이 지낸다. 그 건에 대해서 매년 휴가 때 그 졸리 프록에 들르는 중년의 재미 한인 의사(국제 기구 근무)는 우리보다 더 보수적인 편이라서 놀랐다. 한번은 여성 세 분이 동행 중이었는데 분위기 상 교장 선생님들 같아서 뜨끔했던 기억도 난다.

  가끔씩 스쿠터를 타고 들르는 강변 아래쪽의 미얀마(버마)식 식당(레스토랑)은 강변 쪽으로 쑥 내밀고 나온 난간으로 둘러 쌓인 마루 공간이 특별한데 미얀마 요리도 별미였다. 동절기 저녁 시간 강가 강물에는 노을이 가끔씩 드리우는데 그 난간 쪽 좌석에서 보는 신비한 색깔의 노을은 더 아름답다. 그 옆에 미얀마에서 온 사람들이 사는 양철집이 몇 있는데 거기 누나 집에 있으면서 졸리 프록(위) 맞은 편 정원이 엄청 넓은 한 중국계 게스트하우스에서 일하는 에이윈 이란 젊은 친구는 영어를 어느 정도 구사해서 우리 하고 같이 놀기도 한다. 1월 성수기가 지나고 한국 사람들이 싹 빠지고 나서는 에이윈과 더 자주 어울렸던 것 같다. 그 친구는 다른 친구 따라서 돈을 더 많이 주는 방콕으로 간다.

투어도 없을 수 없다. 그 지역과 가까운 연합군 공동 묘지와 좀더 떨어져 있는 칸차나부리 강의 철교가 유명하고 서북쪽으로 더 가면 석회암 지대의 독특한 풍경도 있다. 한 번은 도시 간 버스를 타고 더 멀리 가서 상클라부리(미얀마 접경 지역이다)란 데 가서 한 두 주 있다 온 적도 있다. 수몰 지구 호수가 내다 보이는 서향의 게스트하우스가 몇 개 있는데 규모가 좀 큰 한 곳은 항상 북적인다. 근처에는 소수 민족이 모이는 시장도 있는데 어느 소수 민족인지는 모르지만 전통 의상을 하나 사서 딸 아이가 몇 번 입은 적이 있다. 더 들어가면 쓰리 파고다(태국어 이름은 잊어 먹었다) 지역인데 국경 마을이다. 어떤 가게에 들어갔는데 주인이 뒷문으로 어디 갔다 다시 들어온다. 미얀마에 갔다 왔다고 한다.

12월과 2월 수업을 빼먹고 다녀온 태국 배낭 여행은 원래 가려고 한 북부 치앙마이/ 치앙라이 지역이 아니라 칸차나부리의 멋진 강변의 게스트하우스에서 서양 식의 체류형(4)으로 지내고 2월 말일 경에 가까스로 서울로 복귀한다. 사심이 많이 작용했던 조기 유학(위)은 성사되지 못했지만 두어 번의 일탈 여행으로 아쉬움을 달랜 듯하다. 그래도 하나 건진 것이 있다면 딸 아이가 의외로 요리에 진심이고 외국 요리도 두려워하지 않고 도전한다는 것이다. 특히 먹는 데 돈을 아끼지 않는 나의 여행 스타일은 딸 아이를 통해서 어느 정도 성과가 나온다고 할 수도 있다. 그 이후로 나는 웬만하면 해외 여행은 잘 나가지 않는다. 그 대신 다른 대형 사고를 친 것은 앞서 언급한 바와 같다(4).

딸 아이는 서울 서북부인 연희동과 그 주변인 신촌과 홍대 앞이 고향이라고 여긴다. 내가 면 단위에서 읍 단위로, 다시 시(직할시) 단위로, 또 다시 수도 서울(3)이란 단위로 올라가면서 개인의 성취 란 면에서 발전을 이룬 건 사실이지만 어떤 불 안정한 측면이 없지 않았다. 그래서 딸 아이는 유치원에서 초/ 중/ 고교를 모두 같은 지역에서 나올 수 있게끔 한번 들어가서 가능한 한 이사를 가지 않는 방식을 고수했다. 그 후에 그 아이는 다른 지역의 대학에 가서 서울을 일단 벗어나지만(대학 재학 때가 코로나 시기여서 처음 2년간은 서울 자택에서 온라인 수업을 했다) 방학 때는 어김없이 서울로 온다. 다시 서울에서 멀리 않은 수도권에서 직장을 잡지만 주말에는 다시 서울로 돌아오는 생활을 한다.

부록 1

저 술

2000년대에 와서 시작한 역사 공부(부록 2)는 많은 자료를 읽고 집필 구상을 하지만 2018년까지 글로 나온 것은 없었다. 여러 가지 요인으로 인해서 학술잡지(역사 관련) 논문 발표는 건너뛰고 나는 바로 책 이란 매체를 선택한다. 첫번째 책(2018)은 그렇게 해서 나온다. 한국 민족(한민족)이란 집단을 기원(아래)을 중심으로 풀어가되 우선 관련 용어를 분석해서 정리하는 작업을 한다. 용어 항목만 200쪽이 넘는데(part 1 용어) 거기에다 13개의 작은 논문과 72개의 주석을 덧붙인다(part 2 부록). 바로 그 논문과 주석이 내 저술 생활 대 장정의 출발점이 된다. 그 기초 위에서 10권의 책이 더 나오고 다시 한 권으로 묶인다(2025).

기원 이론

2018~21년까지 나는 한국 민족(한민족)의 기원(아래)에 관한 책을 출간한다. 그 중간중간에 부록 등을 통해서 기원 이론(Theories of Korean Origins)이란 제목 하에 점차로 업그레이

드된 이론을 내놓는다. 기원 이론(2020 a)/ 기원 이론 2(2020 b)/ 기원 이론 3(2021 a)/ 기원 이론 4(2021 c) 가 그것이다. 기원 이론 5 에 해당하는 글도 있는데 2025년에 출간한 "한국 사람"(아래)에도 기원 이론(42장)이 들어가기 때문이다. 기원 이론 6 에 해당하는 글도 준비 중이다(아래에서 일부 소개한다). 또한 부제를 '기원 이론'으로 달고 나온 책도 있는데 "한민족의 기원에 대한 우리의 인식"(2023)(828쪽)이 그것이다. 상당히 모호(2018, 용어)하고 불 확실(2023, 용어와 색인)한 그 집단의 기원(위)에 대해서 상당 부분 논의가 이루어진 셈이다.

여하튼 기원 이론(위)은 대략 다음과 같은 결론에 도달한다. 한반도 란 지역에서 외래설(아래)보다는 내재론(아래)이 더 적합한 이론 모델이란 것이다(2025, 42장). 다시 말해서 시베리아(동, 46장)/ 발해연안(동, 47장)/ 부여(동, 48장)/ 남방 해양(동, 49장)보다는 한반도 내부인 평양/ 3한 지역(아래)에 주목하는 평양설/ 3한설 같은 내재론적인 접근이 더 타당하다는 결론이다. 평양설은 현대 북한을 대표하는 이론이고 3한설은 현대 남한의 유력설이다. 물론 기원 이론(위)은 전통설과 당대

설 이란 범주의 분류도 있지만(동, 42장) 여기서는 다루지 않는다. 참고로 한반도의 민족 집단(2025, 15장)은 정복자 기원 유형 은 아닌 듯하고 그렇다고 해서 고도의 문명을 기반으로 성립하는 집단도 아닌 듯하다(2018).

어떻게 말하면 시베리아/ 발해연안/ 부여/ 남방 해양(위)과 평양/ 3한(위)을 제시하는 위의 방식은 지역론(2021 a)이라 할 수도 있다. 그런데 그러한 지역 이란 공간적 요소 보다 더 중요한 것이 있는데 바로 시기 란 시간적 요소다. 같은 내재론(위)이라 하더라도 평양설은 구석기/ 신석기시대를 배경으로 하고 있어 7000년전(BP)을 넘어서 10000년전 그 위로 소급해 올라간다. 그에 반해서 3한설은 대략 2000년전(BP)을 시대 배경으로 하고 있고 최대로 올라가야 3500년전이다. 외래설(위)에 해당하는 이론도 마찬가지인데 시베리아와 해양('틀 그 자체'가 유명하다, 2022)을 거론하는 이론은 신석기/ 청동기 시대로 거슬러 올라가는데 비해서 발해연안과 부여 지역 관련 이론은 좀 내려와서 3000년전 정도이다.

한반도의 민족 집단(위)을 기원 이론(위)과 연결시켜 연구한 나는 비교적 이른 시기를 다룰 수밖에 없다. 그렇다고 해서 무한정 이른 시기를 다루는 것은 문제가 있고 해서('비약의 기원론'이란 주제로 논의할 예정이다) 비교적 현실적인 시기인 2000년전(BP) 전후 시기가 중요하다고 인식한다. 특히 한반도 중남부인 3한 지역(아래)이 더 핵심적인 지역이라 파악하고 한국사 가운데서 고대사, 그 가운데서도 3한 지역의 역사를 집중적으로 공부한다. 한국에서 대단히 많이 찾는 전공 그리고 전공이 뭐냐? 하는 질문에 대답을 해야 한다면 나는 고대사 가운데 3한 지역 이 전공이라 할 수밖에 없다(물론 그쪽을 제대로 전공한 사람들에게는 상당히 실례되는 얘기일 수도 있을 것이다).

여하튼 나는 나름대로 역사 전반의 지식을 넓혀가면서 그 한 분야인 3한 지역을 집중적으로 공부한다. 마침 1980~90년대에 걸쳐서 그 지역의 역사 연구는 상당히 깊숙이 진행이 되고 내가 뛰어든 2000년대는 그 간의 연구 성과를 일괄해서 전체를 보기에 매우 적당한 시기였다고 할 만하다. "3한 사회 형성 과정 연구"(이현혜 1984), '3한의 국에 대한 연구'(권오영 1996/ 박사논문), "고대 한국 초기 국가의 왕과 전쟁"(박대재 2000), "3한 시대의 읍락과 사회"(문창로 2006)가 대표적인 저작이다. 3한 연구(아래)는 한국사 가운데서도 이른 시기인 2000~1700년전(BP)이 대상이라서 그 분야 자체가 고고학(아래)을 깔고 갈 수밖에 없다(부록 2).

 당시는 역사학계에서 고고학(위)의 영향력이 커지던 때라 나도 덩달아 고고학 분야에 관심을 가지고 관련 자료를 적극적으로 접한다. 구 중국(2025, 25장) 연구에서도 고대의 경우에는 땅 속에서 새로운 자료가 나오면서 그 동안 단편적인 자료로 구성한 우수한 연구가 뒤집히는 경우가 적지 않다. 중국의 고대사는 고고학의 자료가 축적되면서 새로운 국면을 맞는 수가 많은데 한국의 고대사도 예외가 아니다. 이현혜(위)에 이어서 권오영(위)도 1990년대 전후해서 박사논문(박사논문이 바로 중요한 연구 업적이 되는 것은 드문 일이다)에 고고학을 상당 부분 원용하고 이후 거의 고고학자 라 해도 좋을 정도로 고고학 연구에 매진하는 듯하다.

3한(위)은 지역(아래) 명이자 민족 집단(부록 2) 명이다. 물론 시대 명으로 사용되기도 하지만 세부적인 면에서 다른 의견이 많다(한국 고고학계에서 이른바 3한시대는 줄곧 2000년전을 넘어서 2100년전으로 거슬러 올라가는 추세였다). 3한의 민족 집단(위)은 그만두고 라도 한반도 중남부인 3한 지역(위)은 우리에게 그저 그런 단순한 어떤 지역이 아니다. 왜냐하면 한반도 중남부의 무수한 내(川)와 그 주변의 평지와 고인돌은 바로 현재의 한국 한국인(아래)이 있게 한 핵심적인 조건이기 때문이다. 시베리아/ 발해연안/ 부여/ 남방 해양(위)보다는 한반도 그 가운데서도 양계(2025, 31장) 지역이 아니라 그 중남부의 3한 지역(위)이 현재의 한반도의 민족 집단(위)과의 관련이 훨씬 더 밀접하다.

3한 지역(위)을 좀더 자세하게 분석하기 위해서 나는 여러가지 시도를 하고 용어도 개발해서 어느 정도의 공헌은 한다고 자부한다. 3한 일관론(2025, 43장)이란 용어도 그 가운데 하나인데 나는 학계의 여러 선구자들(김한규, 임지현, 이전, 이종욱)과 함께 3한 일관론자 로 지칭되는 영광을 누린다. 3한의 기원 문제(동, 45장)에 대해서도 어느 정도 견해를 내놓는 한편 3한 복합체(2018)(동, 44장)란 용어도 구사한다. 한반도 중남부에서 오랜 기간에 걸쳐 만들어지는 그 복합체가 한반도의 민족 집단(위)의 형성에 결정적인 역할을 하는 모태(2023, 18장)가 된다. 그것은 당연히 시대 구분(2018, 삼론 4; 2019, F 4) 특히 3한 통합기(기원전후~676)로 구현되고 '국과 통합'이란 내용도 갖는다.

한국 사람, 한국 사람 2

"한국 사람"(2025)이란 책은 일단 한국 사람 에 대한 정의를 시도하고 있다(part 1 한국 사람). 그렇다면 지금까지 한국 사람 이 정의되지 않았다는 말인데 과연 그럴 수가 있는가 라는 의문이 있을 수 있다. 물론이다. 그 어휘는 제대로 정의될 수가 없는 여러 가지 상황 속에 처해 있었다. 가장 큰 요인은 남한과 북한의 정치적인 상황이다. 한반도 현대의 그 두 국가는 오랜 기간 2국가 2국민을 인정하지 않고 대신 헌법 또는 통일 전략에서 이상적인 주장이 압도한다(2025, 9장). 그래서 헌법에 위배되지 않기 위해서 또는 반 통일적인 입장 이란 공격을 회피하기 위해서 한국 사람 이란 용어는 오랜 기간 모호한 용어로 남지 않을 수 없었다.

한국 사람 은 현대 한반도의 2국가 2국민 가운데 하나인 남한(대한민국)의 남한인 을 의미한다(2025, 2장). 그것과 대비되는 말은 조선 사람 인데 2국가 2국민 가운데 다른 하나인 북한(조선민주주의인민공화국)의 북한인을 의미한다(2025, 3장). 말하자면 한국 사람(남한인)은 남한에서 자본주의적 현대화를 겪은 집단이고 조선 사람(북한인)은 북한에서 사회주의적 현대화를 겪은 집단이다. 참고로 현재 남한(대한민국)에서 살고 있는 이북 사람(부록 2)과 탈북민 은 좀 다르다. 두 집단 모두 한반도 북부(양계) 출신이긴 하지만 이북 사람(김형석, 김동길 등)은 남한에서 자본주의적 현대화를 겪은 집단이고 탈북민(김신조, 황장엽 등)은 북한에서 사회주의적 현대화를 겪은 집단이기 때문이다.

그 동안 홍길동처럼 할 말을 제대로 할 수 없었지만 이제라도 진실을 말한다면 현대의 한반도 국가는 적어도 1953년 이래 2국가 2국민의 상태로 역사가 진행이 된다. 그 이전은 근대의 과도기(과도기 1)이고 더 이전은 한반도 3조(676~1910)다. 순 방향으로 말한다면 한반도 3조(통일기 신라와 고려/ 조선 양조)가 근대의 과도기(과도기 1)를 거쳐서 1953년 이래 2국가 2국민의 형성 과정을 밟는다. 더 자세히 말한다면 1953년 이래 남한(대한민국)은 자본주의적 현대화를 겪고 북한(조선민주주의인민공화국)은 사회주의적 현대화를 겪는다(위). 2023년 연말 북한의 김정은(국무위원장)이 공식적으로 2국가를 선언하면서 그 진실은 수면 위로 떠오른다.

당연히 한국 사람(남한인)과 조선 사람(북한인)은 동일한 기원(위)을 공유한다. 다시 말해서 1953년 이전에는 그 둘이 같은 집단이라는 것이다. 그 바로 전은 근대의 과도기(과도기 1)이고 또 그 전은 한반도 3조(676~1910)이기 때문이다(위). 과도기 란 말은 두 가지 의미가 있다. 하나는 근대의 과도기(과도기 1)란 넓은 의미의 과도기(위)이고 다른 하나는 근대의 과도기 안의 세부적인 또 하나의 시대인 좁은 의미의 과도기(아래)다. 말하자면 과도기(1885~1910)/ 식민지기(1910~1945)/ 해방 분단 전쟁기(1945~1953)의 과도기(위)는 과도기 2(2025, 12장)다. 한국 사람(남한인) 조선 사람(북한인)과 더불어 디아스포라 동포(2025, 10장)도 한반도 3조(위)의 역사를 공유하는 집단인데 재미 한인/ 재일 교포/ 조선족/ 고려인 이 그들이다.

한국 사람 은 또 다른 의미가 있다. 그 어휘는 현대 남한(대한민국)의 남한인(South Koreans) 뿐만이 아니라 다른 집단도 그 범주에 들어가기 때문이다. 이른바 한국 사람 2(2025, 3장)다. 예를 들면 현대의 탈북민(위)도 넓은 의미의 한국 사람(Koreans)이고 디아스포라 동포(위)인 재미 한인/ 재일 교포/ 조선족/ 고려인 도 한국 사람(ethnic Koreans)이고 심지어는 북한(조선민주주의인민공화국)의 북한인(North Koreans)도 한국 사람의 범주에 들어간다. 말하자면 한국 사람 은 남한의 남한인 이란 좁은 의미 뿐 아니라 남한인/ 북한인/ 디아스포라 동포와 그 이전의 한반도 3조(위)의 사람과 한반도 3조에서 나간 디아스포라 비 동포(부록 2) 까지 포함하는 넓은 의미가 있고 그것이 이른바 한국 사람 2(위)인데 그것은 조선 사람 2 와 의미가 거의 같다(아래).

"한국인의 기원"(박정재 2024) "한국인의 발자취"(김병모 1992)의 한국인(한국 사람)은 현대 남한의 남한인(위) 만을 지칭하는 용어가 아니라 현대 북한의 북한인(위)을 포함한 개념이다. 그 뿐 아니라 바로 위에서 말하는 여러 집단이 포함되는 개념이다. "조선 사람의 기원"(장우진 1989)의 조선 사람 도 비슷하다. 그 조선 사람은 위의 "한국인의 기원" "한국인의 발자취"의 한국인(한국 사람)과 거의 흡사한 의미라 할 만하다. 말하자면 그 조선 사람(조선 사람 2)은 북한의 북한인 만을 의미하는 것이 아니다. 그것은 북한의 북한인 뿐만 아니라 남한의 남한인과 위에서 말하는 여러 집단을 포함한 의미라고 보아야 한다.

결국 한국 사람 2 는 조선 사람 2 와 거의 같은 의미다. 무슨 마법이 아니다. 예를 들면 일본에서 나온 "조선사상전사"(Ogura 2017)는 현대 북한의 사상 뿐 아니라 현대 남한의 사상도 다룬다. 그것이 다가 아니다. 그 위의 고려/ 조선 양조의 사상도 다루고 그 위의 시대(이른바 3국)의 사상도 다룬다. 그래서 "조선사상전사"는 "한국사상전사"와 거의 같은 의미다. "조선사상전사" 또는 "한국사상전사"의 연구 대상이 되는 것은 조선 사람(북한인) 또는 한국 사람(남한인)을 넘어서 조선 사람 2 또는 한국 사람 2 에 해당하는 모든 사람이 사유한 사상이다. 한국 사람 2 또는 조선 사람 2 의 그 사람들은 역사 공동체 '한국' 또는 '조선'을 전제한다고 해도 크게 틀리지 않는다.

그렇다고 한다면 한국 사람 2 또는 조선 사람 2 와 관련 있는 어휘인 한국 민족/ 한국사/ 한국어 와 조선 민족/ 조선사/ 조선어는 거의 같은 개념이라고 해야 한다. 특히 한국 민족과 조선 민족은 거의 의미가 같고 한국어와 조선어도 거의 의미가 같다. 위에서 본 바처럼 "조선사상전사"는 "한국사상전사"과 거의 의미가 같고 중국 철학/ 한국 철학/ 인도 철학(부록 3)의 한국 철학 도 조선 철학 과 거의 같은 의미다. 다만 한국사와 조선사도 기본적으로 같은 의미이긴 하지만 남한과 북한이 서로 다른 역사를 구성하기 때문에 그 내용이 같을 수는 없다(그 문제에 관해서는 2025, part 4 역사 만들기 에서 자세한 설명이 나온다).

한국 한국인

 기원(위)이란 주제를 걸고 나온 8권의 책(2018, 2019, 2020 a, 2020 b, 2021 a, 2021 b, 2021 c, 2023)도 그 사이에 여러 가지 다른 주제가 언급되고 그것이 부록 또는 보론 의 형식으로 제시되기도 한다. 그 뿐 아니라 또 한편으로는 그러한 주제를 다시 묶어서 "한민족과 북방 북국"(2022) "3국, 3조선, 북방을 넘어서서"(2024 a) "한반도 국가의 정치 군사적 조건"(2024 b)이란 책으로 출간하기도 한다. 그러한 여러 저작의 저술 과정을 통해서 다섯 부분(5 parts) 총 50장(chapters)으로 이루어진 "한국 사람"(2025)이란 책이 나온다. 말하자면 그 책은 오랜 기간의 탐구와 사유를 통해서 이루어진 것이고 그것은 일종의 한국 한국인 논(아래)이라 할 수도 있다.

 여하튼 그 책(2025)은 part 1 한국 사람/ part 2 민족/ part 3 대 북국 대 중국 논/ part 4 역사 만들기/ part 5 기원 문제로 되어 있고 1~50장(본문)의 내용이 나뉘어 배치되어 있다. 그 외에도 본문(위)에서 상세히 다루지 못한 소 주제는 '보론'

에서 따로 10개의 글로 묶어서 싣는다. 권말의 '참고문헌'에는 학설사적 가치가 있는 주요 저작만을 엄선해서 싣고 왠만한 수준의 저작은 모두 빼는 방향으로 차별화한다. 또한 '용어와 색인'도 60여쪽에 걸쳐 1200개의 주요 개념이 수록되어 있다. 그 가운데 part 1 한국 사람(9개의 장으로 되어 있다)에서 한국 사람(위)에 대한 정의를 시도한다는 것은 바로 위에서 언급한 바와 같다(바로 그 부분이 전체 책의 제목으로 올라간다).

"한국 사람"은 광범위한 영역에 걸쳐서 논의가 진행되는 만큼 자료적 가치는 매우 뛰어나지만 핵심 논의가 집약적으로 전달되는 데는 약간의 어려움이 없지 않을 듯하다(아래). 그래서 출판사 서평(저자의 의도가 가장 많이 들어간 글이다)에서는 part 1 한국 사람(위)을 먼저 읽고 나서 독자들의 관심에 따라서 나머지 네 부분 가운데 어느 하나를 먼저 읽어도 좋다 는 안내를 한 바 있다. 예를 들어 한국 사람(위)과 관련해서 민족 집단 쪽에 관심이 있는 사람은 part 2 민족 을/ 역사에 관심이 있는 사람은 part 4 역사 만들기 를/ 기원에 관심이 있는 사람은 part 5 기원 문제 를 먼저 읽고 그 다음에 다른 부분을 천

천히 읽어도 상관이 없다는 말이다.

 그렇지만 part 1 을 제외한 다른 네 부분 가운데 단 하나만을 읽는다고 한다면 나는 단연코 민족/ 역사/ 기원(위) 보다는 part 3 대 북국 대 중국 논(아래)을 읽어보라고 권유할 것이다. 왜냐하면 현재의 한국 사람(위)을 만든 가장 결정적인 요인은 다름 아닌 한반도 국가의 대 북국/ 대 중국의 정치 군사적 조건 이라고 보기 때문이다. 그래서 "한국 사람"(2025)을 출간하기 한 해 전에 미리 그 부분을 한 권의 책으로 발표한다. 바로 "한반도 국가의 정치 군사적 조건"(The Korean Peninsula, 676~1885)(2024 b)이다. 예외적으로 정치 군사 라는 용어를 제목으로 달고 나온 그 책은 교보 광화문점의 안보 군사 코너에 꽂히는데 매월 1권씩은 팔리는 나의 스테디셀러다.

 한국 한국인 논(위)의 한국 한국인 은 더 정확하게 표기하자면 '한국' 한국인 이다. 말하자면 앞의 한국 은 인용 부호 안에 들어가 있다. 그것은 역사 공동체 '한국'을 전제하는 용어이기 때문이다. 예를 들면 동 아시아 지역에는 각각 중국 대륙의 역사 공동체 '중국'의 중국인/ 일본 열도의 역사 공동체 '일본'의 일본인/ 몽골 고원의 역사 공동체 '몽골'의 몽골인 이란 집단이 있다. '한국' 한국인 은 다른 지역의 '중국' 중국인/ '일본' 일본인/ '몽골' 몽골인과 같은 용법이다. 다만 중국 대륙은 한족(2025, 26장)이 다수 민족이고 '중국' 중국인은 통상 한족을 말한다. 신 중국(2025, 7장)은 현재 다원일체(Fei, 1988)(費孝通集)의 새로운 정체성을 확립하기 위해서 공작을 하고 있다.

물론 동 아시아 지역에는 다른 여러 역사 공동체(위)가 있지만 하나의 지역을 확보하고 현재까지 국가를 유지하고 있는 집단은 그다지 많지 않다. 외신에서도 가끔씩 언급되는 티베트(장족)와 신강(위구르족)이 대표적이다. 역사적으로 역사 공동체 티베트와 위구르(동 투르키스탄 이라 불리기도 하는데 신강 이란 명칭은 북국 제국 청이 붙인 이름이다)는 상당 기간 국가를 유지하고 있었지만 현재는 신 중국(중화인민공화국)의 한 부분으로 편입되어 서장 자치구와 신강 위구르 자치구로 편제되어 있다(2025, 7장). 터키와 이라크 등지에 흩어져 살고 있는 쿠르

드 족도 역사 공동체를 유지한 집단이지만 현재 국가를 구성하고 있지 않다. 물론 그 외의 더 작은 집단도 많이 있다.

"한국 사람"(2025)이란 책이 일종의 한국 한국인 논(위)이라면 좀더 평이한 방식으로 전달이 될 필요가 있을 듯하다. 위에서 말한 바처럼 그 책은 그 주제에 관하여 광범위한 영역에 걸쳐서 논의가 진행되어 그것이 집약적으로 전달되기에는 무언가 아쉬움이 있기 때문이다. 그래서 주요 논의를 간략하게 제시하는 축약본(아래)이 필요하다는 생각이다. 그러한 형식의 책은 당연히 한국 사람(남한인)뿐만이 아니라 그 이상인 한국 사람 2(조선 사람 2)(위)를 모두 다루는 방식이 더 바람직할 듯하다. 더 구체적으로는 '한국 한국인의 역사'라는 방식도 효과적일 수 있을 것 같다. "한국 사람"의 속편이라 할 수도 있는 그 축약본은 현재 준비 중이다.

그 축약본(위)은 대략 영어로는 *A Brief History of Koreans*에 해당하고 일어로는 "朝鮮民族略史"에 해당하는 내용을 담는 방향으로 쓰여질 예정이다. 외국어를 먼저 끌어 들여서 그렇기는 하나 우리 말로 상당히 혼동되는 논의는 외국어로 표현해 보면 그 의미가 분명해지는 경우가 적지 않다. 한국 사람 이란 용어가 매우 복잡하게 사용되고 있기 때문에(위) 일단 그 용어를 다른 용어로 대체하는 과정이 필요하고 그 때는 외국어가 중립적인 역할을 할 수 있기 때문이다. 한국 이란 용어가 다의적으로 사용될 때는 적어도 조선 이란 용어로 바꾸어 보는 것도 한 방편이 될 수 있다. 위의 "조선민족약사"의 조선은 "조선사상전사"(위)의 조선과 비슷한 의미인데 말하자면 그것은 "한국민족약사"와 의미가 같다.

부록 2

역 사 공 부

내게 서울(3)이란 곳은 분명한 목적이 지배하는 땅이라 할 수 있다. 나는 공부를 하기 위해서 서울로 간 것이고 다시 다른 지역으로 간다는 것도 그 과정의 일부여야 한다는 말이다. 그런 만큼 그런 종류의 압박에서 완전히 자유로울 수는 없다. 대학원(부록 3)에서 퇴각한 이후에 배낭 여행(5)과 주식(4)과 육아의 시대가 이어지고 그 기간 동안 공부와는 상당히 멀어진다. 그러나 여행을 할 때 또는 주식을 연구할 때 또는 딸 아이를 보살피고 있을 때를 막론하고 그 목적은 꿈틀거리고 무언가 행동을 요구하고 있었다. 2001년 이후의 육아 전쟁(확실히 전쟁이 맞는 표현이다)의 와중에서도 무언가를 추구하는데 이전의 문학/ 철학을 지나서 이번에는 역사였다.

방법 또는 전략

나는 이미 한 전공에서 다른 전공으로 옮겨간 경험이 있는데다(부록 3) 어학 방면의 뒷받침도 어느 정도 되는 편이라(2/ 어학행) 역사 공부(위)는 비교적 어렵지 않게 진행이 된다. 그런데 단순히 역사를 공부한다는 것과 역사를 공부해서 업적이 나온다는 것은 완전히 다른 문제다. 물론 그냥 독서의 차원에서 역사서를 읽는다는 것과 도 다르다. 아무튼 나는 이미 인문학(부록 3) 쪽에서 상당한 수련을 받은 연구 인력이라 기본적인 스킬은 갖추고 있다고 할 수는 있다. 그렇지만 그것만 가지고는 소기의 목적을 달성할 수 없다는 것은 분명하다. 그 이상의 무엇이 필요하다. 그것은 인문학 일반에 대한 이해와 어학 능력 외의 방법 또는 전략(위)이라 할 만한데 이하에서 조금 언급해 보려고 한다.

 다행히도 나는 학부에서 중국 문학을 공부할 때 당시 교실(랩)의 장(지도교수) 덕분에 몇 가지 핵심적인 전략은 숙지한다(2/ 어학행). 그래서인지 내가 외부에서 K대 대학원(부록 3)에 들어가서 같은 랩 또는 이웃 랩의 인원들과 학문적인 미래와 비전을 이야기할 때는 그다지 밀리지 않았다. 물론 학부에서 철학을 전공하지 않은 한계는 분명 존재하고 특히 서양철학을 공부한 것도 일천해서 고전한 것은 맞지만 그런대로 그 집단 특히 같은 랩 안에서는 그런대로 전략 부분에서는 좀 발언하는 편이었다. 그리고 석사 과정을 거쳐서 박사 과정에 들어가서는 같은 랩의 후배들과 대화할 때 그 부분에 대해서 약간의 컨설팅 정도는 하는 수준이었던 것 같다.

다만 철학 쪽의 특성 상 뭔가 사변(思辨)적인 이야기를 해야 하는 분위기가 있었다. 물론 사변적인 기술이 능하면 여러 층차에 있어서 도움이 되는 부분이 있다는 것은 맞다. 만일 내가 그 부분을 좋아하고 그 재주가 있었다면 그것을 활용해서 아마 일찌감치 연구 대열에서 이탈해서 대중 강사(부록 3)가 되어 있을지도 모른다(아래). 불행인지 다행인지 나는 계속해서 학문의 영역에 머무른다. 다른 지역의 지역학도 그렇지만 동 아시아 지역학도 기초가 중요한데 특히 고전 문헌에 대한 철저한 이해가 없이 사변적인 데로 흐르면 그 결과는 거의 예견이 된다. 고전 문헌에 대한 깊은 이해가 있어야 학문적으로 제대로 된 이론이 나올 수도 있고 대중적인 차원에서도 매우 수준 높은 글(2)이 나올 수도 있다.

우선 내가 구사하는 방법 가운데 하나는 이른바 다 학문적

(multi-discipline)적인 접근 방법이다. 딱히 방법론이라 할 것은 없지만 제3의 주제를 공략할 때는 상당히 유효하다. 여러 분야에서 접근할 경우 확실히 이론의 빌드업 수준이 올라갈 수밖에 없다. 역사 쪽의 저작을 쓰기 전 여러 가지 자료를 섭렵할 때 나는 고고학/ 인류학/ 유전학(아래) 등의 자료를 닥치는 대로 훑은 적이 때문에 그 깊이와는 상관없이 언급하고 사유할 수 있는 범위는 상대적으로 넓은 편이다. 산술적으로 봐서도 나는 우여곡절 끝에 인문학의 주요 분야인 문학/ 사학/ 철학(부록 3)을 한바퀴 돌았기 때문에 그 동안 보고 들은 것만 해도 지식의 범위가 상당하다 할 수 있다.

다 학문적인 접근 방법은 이미 교양과목 강의를 하면서 시도한 부분이기도 하다(부록 3). 조동일 선생은 정년 전후한 시기 언론 인터뷰에서 학문하는 방법에 대해서 여러 차례 언급한 바 있다. 되도록이면 '넓고 깊게' 파야 한다는 요지인데 기하학 용어를 빌어 밑변을 되도록 넓히고 꼭지점을 되도록 높이라 는 식으로 권유한 바 있다. 당연히 그러한 '넓고 깊게'란 것은 다 학문적(위)인 접근 방법이 포함이 될 것이다. 토인비도 말년에 후배 학자들에게 어느 순간까지는 글을 쓰지 말고 자료를 최대한 섭렵해야 한다고 한 적이 있다(아주 오래 전 "독서신문"에서 읽은 것이다, 2). 그리고 '나무를 보지 말고 숲을 보라'는 조언도 하는데 그런 과정 속에서도 전체를 보는 시각은 유지해야 하기 때문이다.

다른 하나의 방법은 구조적 이해다. 프랑스 현대 철학의 구조주의와는 상관없이 고전학에서 어떤 텍스트를 구조적으로 이해한다는 것은 기본적인 사항에 속한다고 할 수 있다. 예를 들어 장자의 "장자"란 텍스트는 내편과 외/ 잡편의 성격이 다르고 내편(소요유/ 제물론 이 핵심이다)은 장자 당시의 오리지널한 사유에 가깝고 외/ 잡편은 이후 그 학파의 여러 사람들이 쓴 글을 모은 것이란 건 기본이다. 이른바 도가 또는 노장 사상에 속하는 여러 문헌들을 시대에 따라 또는 지역에 따라 다른 방식으로 구분해서 이해하는 것은 너무나 당연한 일이다. 노자의 "도덕경"도 왕필 이래의 "도덕경"과 백서노자의 "덕도경"(여담 2/ 고촌곡)은 맥락이 좀 다르다고 보고 접근해야 한다.

박사 과정 수료 이후에 준비한 박사논문도 노자 텍스트를 구조적으로 이해하는 것인데 81개의 장 가운데 수십 개 장이 어떤 유사한 방식의 구조를 가진다는 것을 분석한 것이다. 거기에 대해서는 몇 편의 논문을 쓰지만 그것을 종합하기 전에 그 업계에서 퇴각(5)하게 된 사연은 여러 번 말한 바와 같다. 그 아이디어는 이후 다른 연구자에 의해서 보완된 형태로 발전된 듯하다. 여하튼 나는 일단 대상을 해체한 다음에 재 구성하는 기술은 좀 있는 편이다. 그래서 기업을 사냥하고 해체해서 팔아먹는 기업 사냥꾼만큼은 아니지만 여하튼 해체에는 좀 노하우가 있는 편이고 더 나아가서 해체와 재 구성 이란 것에도 상당한 경험을 갖고 있다.

또 다른 하나의 방법은 별로 드러난 것은 아니고 그렇다고 드러내기도 좀 그런 것이다. 간단히 말하면 의도적인 물량전이다. 비록 많은 자료를 보고 넓게 사고를 한다 해도(위) 그것이 머리 속에서만 머무른다면 업적이 나올 수 없다. 일단 논문 수준이 아니라 책으로 내고, 그 지점에서 보이는 부분을 다시 책으로 내고, 또 그 지점에서 보이는 부분을 다시 책으로 내는 방식이 요구된다. 그래서 보이는 부분을 죄다 확인하고 다시 틀을 짜는 과정이 필요하다. 현실적으로 그것이 허락되는 것은 몇몇 메이저 대학에서 한 분야를 책임지고 있는 학자(이전 용어로는 교실 또는 랩의 장) 정도의 위상이 되어야 가능하다. 그 외 인원들은 수단 방법 가리지 말고 머리 속에서 밖으로 꺼낼 수 있는 계기를 적극 찾아야 한다.

만일 그렇지 않으면 대부분의 교수(정규직)들처럼 논문 십몇 편 또는 공동 저작(무슨 이유인지 그게 유행이다)의 한 부분을 여러 편 쓰고 나서 학문적 수명을 다하는 경우가 많다. 연구교수(1)(부록 3)들은 더 심각하다. 연구단이 그럴싸한 기획을 해서 프로젝트를 따내고 연구교수들이 그 한 부분을 쓰는 경우가 대부분이기 때문이다. 그 결과 부속품 역할을 하다가 더 이상의 깊이 있는 개인의 연구를 아예 해보지도 못하고 학문 생활을 마감하는 경우가 많다. 나는 그 과정이 어떻든 간에 4000쪽에 달하는 발표를 통해서 학문적 성장을 한 것은 분명한 사실이고 그 결과인 12권의 책(부록 1)은 단계 단계마다 양/질 전화(轉化)한 측면이 없지 않다고 본다. 모든 전쟁은 엄청난 돈을 요구한다. 이 쪽도 물론 예외는 없다.

  여담으로 나는 잡기(아래)에는 약한 편이다. 여기서 잡기는 비 학문적인 분야의 다양한 기술을 말하는데 예를 들면 소설, 시, 만화와 음악, 미술, 영화, 사진 등등을 말한다. 나는 원래 독서를 좋아하지 않는 편(참으로 부끄러운 말이다)이라 소설, 시, 만화 등에 좀 약한 편이고 나머지도 그렇다. 그래서 나는 애초부터 잡글(2)을 쓴다 거나 또는 대중을 호리는 대중 강사(부록 3)가 되기에는 불리한 점이 많았다. 어쩌면 그러한 잡기가 없었기 때문에 연구자의 대열에서 이탈하지 않고 아직까지 이 분야에 머무르고 있을 지도 모른다. 항상 나쁜 것은 없을 지도 모른다. 상황에 따라서는 나쁜 것도 좋은 것이 될 수 있고 좋은 것도 나쁜 것이 될 수 있으니까……

  그렇다고 해서 거의 컴맹 수준인 내가 IT 또는 AI 쪽에 강할 수도 없다. 다만 이전에 잠깐 SNS에 발 담글 때(딸 아이 육아 때다) 습득한 캡처(아래)를 나름 활용하는 정도가 기술이라면 기술이다. 구글 등에서 알고리즘으로 찾아 주는 자료는 캡

처해서 갤러리에 보관하고(폰 분실 우려 때문에 클라우드에 넣는 방법도 어렵게 습득한다) 정기적으로 그 가운데서 자료 가치가 큰 것은 위로 뽑아 올린다(프로 야구 구단에서 2군 선수를 1군으로 콜업 하는 것과 비슷하다). 그 방법은 특히 고고학/ 인류학/ 유전학(아래)의 최신 이론이 나와서 언론에 소개된 것을 바로 접하는 데는 탁월한 효용을 자랑한다. 또한 AI 는 별로 의식하지 않는다. 적어도 나는 내 분야에서 시간적으로 AI 보다는 조금 앞서 가기 때문이다.

나의 역사 저술 과정의 11권 더하기 1권의 책(부록 1)에는 어떤 드러나지 않는 기획이 들어가 있다. 그것은 이전의 역사 기획(3국/ 3조선/ 북방 등이 대표적이다, 2024 a; 북한 조선사 의 남 북국 도 그에 못지 않은 교묘한 기획이다, 2025, 34장)에 대항해서 기존의 지배적인 역사 서사(심재훈, 각종 언론)를 무너뜨리고 다른 역사 체계를 세우겠다는 기획이 들어가기 때문이다. 물론 그 다른 체계는 내가 처음으로 개발한 것은 아니지만 그 동안 학계에서 조금씩 진행되어 온 흐름을 나 나름대로 보강하고 강화하는 방식이라 할 수 있다. 기존의 역사 서사(위)를 해체하려면(2025, part 4) 상당한 노하우가 필요하다는 것은 말할 나위도 없다. 그리고 해체 후에 다시 재 구성하는 기술도 필요하다. 더 큰 기획 은 아직 진행 중이다.

민족 집단

나의 역사 공부(위)는 한국 한국인(부록 1) 논으로 귀결되는데 그 시작은 민족 집단(아래)에 대한 관심이다. 이전에 TV(아래)의 오지 여행 프로그램과 다큐멘터리를 거의 빠짐없이 보던 나는 학계 퇴각 이후의 배낭 여행 경험을 통해서(5) 지구상의 여러 지역의 민족 집단에 대한 관심이 한층 높아진다. 2000년대에 와서는 *Human* (Winston 2004) 등의 책에서도 여러 가지 정보를 얻는다(5). 통상 TV에는 근대에 한반도 밖으로 이산한 디아스포라 동포(2025, 10장)도 많이 다루어진다. 재미 한인/ 재일 교포/ 조선족/ 고려인 은 물론이고 사할린 동포(재일 조선인이 사할린 지역으로 강제 이주 당한 경우인데 고려인과는 다르다)도 나온다. 그 외에도 북방의 민족 집단(동, 20, 23

장 46, 47, 48장)에 대해서도 각종 언론의 관심이 높은 편이다. 중국의 한족(동, 26장)도 한반도와 관련해서 중요한 집단이다.

  2018년 첫 책에도 다양한 민족 집단(위, 아래)과 그 분류(아래)가 들어가 있고 그 이후의 후속 저작에서도 꾸준히 민족 집단 분류를 계속해 왔다. 예를 들면 양계(2025, 31장) 지역의 민족 집단과 관련해서 이른 시기의 예계/ 맥계 집단을 포함한 예맥계 집단에 관해서도 여러 가지 집단 분류를 한다. 요녕계(대략 이른바 철기 저온기의 청동기 집단에 해당한다, 발해연안 에서 기원하는 그 집단은 조선 이란 이름의 정치체로 잘 알려져 있다) 부여계(동, 48장)는 말할 것도 없고 '예 맥 또는 예맥'(동, 보론 4)이란 예맥계의 잔여 집단도 있다. 마지막의 그 집단은 이미 선덕여왕 때 이민족으로 간주되고(황룡사 9층탑의 각 층은 당시 신라를 위협하는 이민족을 의미하는데 예맥 도 그 한 층을 이룬다, "삼국유사") 고려조 전기에는 말갈("삼국사기")("여유당전서")이라 호칭되기도 한다.

  한반도에서 다른 지역으로 나가는 디아스포라 집단에 대해서도 여러가지로 분류를 한다. 근대의 디아스포라 동포(재미 한인/ 재일 교포/ 조선족/ 고려인)(위) 뿐 아니라 그 이전에 그 외부로 나간 집단인 디아스포라 비 동포(산동 반도 신라방의 신라 사람/ 대도 심양의 고려인/ 심양의 조선인)가 그것이다. 비 동포란 용어는 동포가 아니라는 의미라 기보다는 근대의 디아스포라 동포(위)와는 구분되는 집단이란 의미다. 또한 한반도 현대의 2국가에서 나간 디아스포라 한국 사람/ 디아스포라 조선 사람(2025, 11장)이란 용어도 제시한다. 탈북민(김신조, 황장엽 등)은 디아스포라 조선 사람(위)에 해당하는데 이북 사람(김형석, 김동길 등)과는 다른 집단이다. 왜냐하면 같은 한반도 북부(양계) 출신이긴 하지만 이북 사람은 1953년 이래 남한(대한민국)에서 자본주의적 현대화를 겪은 집단이기 때문이다.

또한 한반도 현대의 2국가 가운데 하나인 남한(대한민국)의 서울 사람(3)에 대해서도 집단 분류를 하는데(그 내용은 아직 발표하지 않은 것이다) 이 책에서 간략하게 소개가 된다. 그 가운데 하나가 위에서 설명한 이북 사람(위)이다. 얼마 전에 나온 이른바 한국 사람 만들기 논(아래)도 일종의 집단 분류 라 할 수 있다. 다만 "한국 사람 만들기"(함재봉 2017)란 책의 한국 사람(한국인)은 정확히 말해서 근대인(아래)이다. 다른 예를 들자면 "한국인의 탄생"(최정운 2013)의 근대인에 해당한다("한국인의 발견" 최정운 2016 의 한국인 은 다르다). 말하자면 함재봉의 그것은 한반도 지역 근대(1885~1953)의 근대인에 대한 집단 분류에 해당한다. 결국 그 책은 처음부터 방향을 상실하고 관성에 의해서 계속 후속 책이 나오는 방향으로 진행이 된다.

이상의 민족 집단(위)에 관한 연구는 당연히 여러 가지 다른 학문 분야와 연결이 되어 있다. 특히 이전의 민족학(아래)은 물론이고 최근의 인류학(아래) 또는 유전학(아래)이 그렇다. 그리고 현재의 집단이 아니라 과거의 집단의 경우에는 고고학(아래)의 도움을 받아야 하는 경우도 많이 있다(부록 1, 기원이론). 말하자면 어떤 한 민족 집단에 대해서 언급할 때는 여러 가지 분야에 걸친 다 학문적인 접근이 훨씬 더 효과적이라는 것은 말할 필요가 없다. 물론 넓은 의미에서의 역사 에 대한 이해는 필수적이다. 여기서는 민족학과 인류학/ 유전학에 대해서 주로 설명한다.

근대 유럽의 식민지 개척과 더불어 지구 상의 각 지역(위)에 도달한 유럽인들은 각지의 민족 집단에 관해서 기술하고 분석한다. 이른바 민족지(民族志)의 민족학적인 방법인 셈이다. 유라시아 대륙도 시베리아(2025, 45장) 지역은 러시아인이 그 지역으로 들어가면서 여러 가지 논의가 진행된다. 구 시베리아/ 신 시베리아 란 집단 분류도 그러한 과정과 관련이 있다. 알타이언어 사용 집단(TMT)에 속한다는 퉁구스(T)는 신 시베리아족으로 분류되고 길랴크(니흐브), 축치, 코랴크 등의 집단은 구 시베리아족 이란 범주로 분류한다. 고 아시아족 이란 분류도 있는데(동, 보론 3) 원래 언어학자들의 대략적인 분류 가설에서 시작한 그 용어는 한국 민족(조선 민족)의 기원 이란 주제와 관련해서 여러가지 혼란을 야기한다.

물론 고대/ 중세에서도 중심 지역의 집단이 주변 지역의 민족 집단에 관한 기록을 남긴다. 구 중국(2025, 24, 25장)도 마찬가지다. 이른바 중원(또는 중국 中國)에서 그 외부로 영역이 확장되면서 점차로 이른바 4이(아래) 란 개념이 성립하고 동이/ 북적/ 서융/ 남만 의 범주로 주변 집단을 기술하고 열전에 올린다. "구당서"(동이북적전) "신당서"(동이전) "구오대사"(외국열전) "신오대사"(사이부록)에는 한반도의 민족 집단이 나온다. 그 이전에도 "사기"(서남이양월조선전) "한서"(동이전) "삼국지"(오환선비동이전)에도 동이 란 범주로 분류되는 한반도 지역의 민족 집단에 관한 기록이 나온다. 특히 한반도 중남부 3한 지역(아래)에 관한 기록은 "삼국지"(위, 동이전 그 가운데서도 한전)의 기록이 유명하다.

인류학(위)은 근 현대에 와서 자리 잡는 학문 분야인데 현재 상당한 영향력을 행사한다. 영국 대학의 교양강의(부록 3)에서도 상당히 중요한 부분을 차지하는데 한국 학자가 그 분야에서 두각을 나타내기도 한다(캠브리지대 교수를 거쳐서 영국 학술원 회원이 되는 권헌익 은 주로 동 아시아 지역을 인류학적으로 연구한다). 이전에는 개론서에서 인류학이 문화 인류학/ 형질 인류학 으로 나뉘는데 요즘은 다양한 분야와 관련해서 여러 가지 더 세부적인 부분으로 나뉘기도 한다. 고 인류학(이상희 의 "인류의 기원" 2015, "인류의 진화", 2023 가 최근의 연구 추세를 잘 설명하고 있다)도 눈부시게 발전하는데 최근에는 그 간의 연구 성과(리키 시대의 호모 하빌리스 정도가 아니다)가 잘 반영된 책("인류의 기원과 진화", 이선복 2024)도 나온다.

유전학은 현대 과학의 여러 분야 가운데서도 촉망받는 존재이기도 한데 특히 분자 유전학 이후로 유전자가 민족 집단(위) 연구에서 중요한 요소로 작용한다. 그래서 나의 첫번째 저작(2018)에서도 그 부분이 상당히 많이 반영되어 있다. 그 이후로 여러 책이 나오는 과정에서도 어김없이 유전자 관련 부분이 언급된다. 특히 2000년대로 접어들면서 유전학 방면 연구자 가운데 일부가 한반도의 민족 집단(2025, 15장)에 대해서 발언하고 나름의 이론을 내놓는데 나는 상대적으로 지면이 많은 편이라 새로운 가설이 나올 때마다 바로바로 입장을 표명한다. "한민족과 북방 기원"(2021 b)의 두번째 부분(유전자)/ "한민족에 대한 우리의 인식"(2023)의 4장(2중 기원론)/ "한국 사람"의 보론 2(선/ 후 남방계설), 보론 4(가야인의 유전체) 등이 대표적이다.

부록 3

대 학 원

일단 대학 학부 4년은 제외하고 다시 12년을 더 다닌 대학원을 빼고 서는 내 삶이 도저히 설명되지 않는다. 현대에서 가장 가까운 조선조(1392~1910) 기준으로도 겨우 인구의 10% 정도가 교육을 받는다는 것을 감안한다면 나는 적어도 공부란 면에서는 축복을 받은 셈이다. 대학 강의(아래)를 마지막으로 한 1997년도 기억에 남는다. 상당 기간 내 삶의 한 부분이었던 대학 강의가 전임(정규직)으로 이어지지 못한 까닭에 여러가지 굴곡은 있었지만 그렇다고 해서 내가 공부란 경로를 완전히 이탈한 것은 아니었다. 왜냐하면 어느 정도의 방황 또는 외도(5)를 경과한 후에 다시 본래의 학문 생활로 복귀하기 때문이다(부록 2). 이 책이 나온 것도 순전히 그 덕분이라 할 수 있다.

석사 과정

1980년대만해도 국내 대학원은 몇몇 대학은 어느 정도 경쟁력이 있었다. 그 동안 세계화의 여파로 국내 메이저 대학의 대학원도 거의 경쟁력을 상실한 듯하다. 일본의 경우는 일본 내의 대학원을 마친 인원이 일본 대학의 정규 교수가 되는 시스템이고 일본 내에서 수련(아래)을 마친 인원의 수준이 매우 높다(과학 분야도 많은 수의 노벨상 수상자를 배출한다). 한국 인문계의 경우는 주로 S대 출신들이 학부/ 석사 과정을 마치고 각 지역의 대학에서 근무하다가 일부가 서울의 메이저 대학 교수를 충원하는 시스템이었다. 그런데 어느 순간 미국 학위를 가진 사람이 거의 대부분의 자리를 차지한다. 결국 한국 학계는 현재 학문적 미국 식민지화가 거의 완성이 되어 가는 상황인 듯하다.

여하튼 그 당시에는 국내 대학원을 가려는 사람들도 제법 있고 대학원 경쟁율도 어느 정도가 유지가 된다. 인문학(아래)은 우리가 잘 알다시피 대략 문학/ 사학/ 철학 으로 구성되어 있다. 나는 학부에서 문학 특히 중국 문학을 공부한 바 있는데 요즘의 분류에 따르면 동 아시아 지역(아래)을 전공한 셈이다. 동 아시아 지역 연구는 그 지역의 특성 상 고전어 한문이 필수적이고 관련 연구 자료를 보려면 영어/ 중국어/ 일어(2/

어학행)는 기본적으로 독해가 가능해야 한다. 동 아시아의 한 지역인 한국(부록 1)을 연구하는 데도 대략 1900년을 기준으로 그 이전은 대부분의 기록이 동 아시아 공동 언어에 해당하는 고전어 한문(위)으로 되어 있다. 민족어가 자리잡은 것은 겨우 얼마전이다.

동 아시아 지역(위) 연구의 일환으로 철학 부문을 좀 공부하고 싶은 생각이 있어서 나는 중국 철학을 선택해서 석사과정에 지원한다. 철학 분야는 서양 철학/ 동양 철학 으로 나뉘는데 당시 동양 철학 전공은 K대, 명륜동의 S대, D대 등이 중심이었다. S대(위)는 상당 기간 한 사람의 교수가 전 분야를 담당해 온 반면 K대(위)는 세 가지 세부 전공(아래)을 각각 한 명의 교수가 담당하고 명륜동의 S대는 세부 전공이 학과로 나뉘어져 있고 D대는 인도 철학(아래)과 불교가 중심이다. K대 대학원 철학과의 동양 철학(위) 전공 과정에는 중국 철학 교수가 배정되어 있는데 나는 그곳에 지원한다. 대구 경북의 한 대학에서 수강한 몇몇 과목을 밑천으로 전공 과목을 대충 준비하고 외국어(아래) 두 과목을 집중 공략하는 방식으로 그 과정에 가까스로 입학한다.

  K대 대학원 철학과 동양 철학(위) 전공 과정은 중국 철학/ 한국 철학/ 인도 철학 세가지 세부 전공으로 나뉘고 각각 한 사람의 교수가 담당한다. 한 학기에 교수 당 한 과목은 개설되어 수업은 같이 듣는 방식이라 일단 세가지 세부 전공을 모두 섭렵할 수 있다는 장점이 있다. 동양 철학 전공자가 서양 철학에/ 서양 철학 전공자가 동양 철학에 관심이 있는 경우 학점을 신청해서 들을 수도 있고 가끔은 동양 철학에 관심 있는 서양 철학 전공자가 우리 수업을 듣는 경우도 있다. 나는 내가 비교적 약한 서양 철학 분야를 좀더 알기 위해서 논리학/ 분석 철학/ 과학 철학(2) 과 윤리학 등 몇 과목을 듣고 정치외교학과(정경대학 소속이다)로 가서 정치학을 몇 과목 수강하기도 했다.

  여하튼 동양 철학 전공 과정은 같은 시기에 등록해서 수업을 듣는 인원이 대략 15명 정도라서 거의 알고 지내는 사이였지만 세부 전공(위) 중심으로 따로따로 조직이 움직이는 경우가 많다. 한국 대학은 원래 유럽식의 교실(랩)(예를 들면 의대가 그런 조직인데 의대의 과장 겸 교수는 사실 상 하나의 교실 즉 랩의 장이고 그 아래에 여러 급의 인원이 소속되어 있다) 중심의 조직이었지만 점차 미국식의 학과 중심으로 바뀌는데 대학원은 교실(랩) 중심의 조직이 남아 있는 편이다. 그런데 세 가지 세부 전공의 분위기는 서로 다르다. 인도 철학(위)은 전공자의 숫자가 상대적으로 적은 데다 외부 출신이 많은 편이라 그다지 딱딱한 분위기는 아닌 듯하다.

다른 두 전공인 중국 철학/ 한국 철학 은 분위기가 완전히 다르다. 중국 철학 전공은 사실 상 방목하는 분위기라서 학문적으로도 자유분방하고 개인의 능력에 따라 또는 가까운 선배의 영향에 따라 치고 올라갈 사람은 치고 올라가고 그렇지 못한 사람은 처진다. 그에 비해서 한국 철학 전공은 선 후배의 기강이 좀 센 편이고 학문적으로도 거의 정해진 틀 속에서 비슷하게 규격화/ 평준화되는 방식인 듯하다. 한국 철학은 대부분 한국 성리학 전공이고 주로 조선조의 어떤 한 인물의 자료를 가지고 어떤 틀에 입각해서 비슷하게 논문을 쓰고 비슷한 수준의 대학에 비슷하게 취직을 한다. 말하자면 취직율은 탁월한 편이지만(교대/ 사대에 자리가 많은 편이다) 상대적으로 특출한 연구자는 배출되지 않은 것 같다.

중국 철학(위)은 크게 봐서 유교/ 노장 사상 으로 전공이 나뉜다. 유교는 시기적으로 서양의 고대 철학/ 중세 철학 정도에 해당하는 선진(先秦) 한대 철학/ 송명 철학(성리학) 전공이 대부분이다(선진은 진 제국 이전 이란 의미인데 주로 춘추 전국 시대를 말한다). 내가 박사 과정일 때는 석사 과정 후배들이 상대적으로 근 현대 사상을 연구한 경우가 많은데 아마 당시의 서양 철학 특히 마르크스주의 철학 선호와 관련이 있는 듯하다. 그 당시 후배 가운데 내가 봐도 우수하다고 여긴 두 사람은 이후 크게 약진한다. 한 사람은 노장 사상을 한 차원 높게 연구해서 이후 K대 노장 교실(신설)을 맡는데 빨리 대작이 출간되길 고대한다. 다른 한 사람은 정치 사상을 연구해서 S대 정치학과로 임용이 된다("중국정치사상사"가 대표작이다).

박사 과정

나는 3년 반의 석사 과정을 마치고 1988년에 박사 과정에 입학한다. 이번에도 전공 과목은 평타를 유지하고 외국어 두 과목을 집중 공략해서 그다지 어렵지 않게 입학 시험은 통과한다. 석사 논문은 장자의 언어/ 논리 비판에 해당하는 이른바 명변사조(名辯思潮) 비판을 다뤘는데 인도 철학 교수가 관심을 가지고 격려해 주신 것이 기억에 남는다. 이후 박사 과정 수업을 이수하면서 박사 논문은 노자의 "도덕경" 텍스트를 구조적으로 분석하는 것으로 준비하고 관련 논문을 몇 편 발표를 하는데 그것을 완성하지 못하고 그 업계를 떠나게 되어 아직도 아쉬운 마음이 없지 않다. 그나마 그 동안의 수련을 통한 여러 기술을 널리 활용해서 한국 사람("한국 사람" 2025)을 탐구한 것에 만족한다(부록 1).

K대 대학원 철학과 동양 철학 과정(위)의 중국 철학 담당교수는 대만(5)에서 석 박사를 하고 1970년대부터 죽 봉직한 K선생(당시 메이저 대학에서는 교수 라는 호칭은 별로 쓰이지 않았

다)인데 외부 출신이긴 하지만 무슨 연유인지 문과대(아래) 내에서 존경받는 인기 있는 교수였다. 심지어는 당시 유명 밴드 봄여름가을겨울의 한 멤버(2인조 가운데 한 사람이 문과대 영문학과 출신이다)가 언론 인터뷰에서 가장 존경하는 인물은? 이란 질문에 K선생(위)라고 답해서 10대들 사이에서 그가 누구인지 수배하는 현상이 벌어진 일도 있다고 한다. 아마 조선조 사림파 성리학자 가운데 남명 조식(경남 산청 출신이다, 4)을 높이 평가하고 교양과목 강의 등에서 소개하는데 그것이 주효했던 것 같다.

중국 철학 교실(랩) 산하에서 가장 유명한 사람은 아마 도올 김용옥 일 것이다. 대학원은 대만과 미국에서 하긴 했지만 상당 기간 K선생 제자라고 자인하고 그의 도움으로 같은 대학 같은 전공의 조교수로 임용이 되고 몇 년간 근무하기 때문이다. 당시 석사 과정은 도올이/ 박사 과정은 K선생이 맡기로 하는데 무슨 양심 선언 을 하고 학교를 뛰쳐나가면서 원래의 체제로 되돌아간다(도올의 이후의 상황은 우리가 잘 아는 바와 같다). 그 외에 S대 출신 한 사람과 K대 본교 출신의 두 사람의 선배가 있었는데 무난히 비 서울 지역의 전임(정규직)으로 나간다(이후 미국에서 학위를 한 다른 한 선배가 K선생의 뒤를 잇는다). 나와 거의 같은 시기의 중국 철학 교실(위) 전공자들은 파란만장한 길을 걷는다.

우선 K선생 또는 도올의 인기가 많았던 만큼 K대 본교는 물론 외부에서 많은 사람들이 지원해서 다닌 것은 사실이다. 그러나 상당수가 석사 과정 중에 사라지고 또는 석사를 마치고 바로 사라지고 심지어는 박사 과정 중에 사라지고 더한 것은 박사 과정을 수료한 뒤에 사라진 사람(누구라고 말하지는 않겠다)도 있다. 확실이는 모르지만 시대적으로 내부적으로 뭔가 문제가 없다고 할 수는 없을 것인데 그 과정에서 스러져 간 사람들에게 늦게나마 조의를 표해야 할지 여부도 잘 모르겠다. 그렇다고 해서 남은 사람들이 다 순탄하다 고 볼 수도 없다. 한국 철학 전공자(위)들과는 달리 몇 명이 전임으로 다른 몇 명이 급여가 제대로 나오는 연구소(아래)에 취직을 하지만 나머지는 대부분 고난의 행군 중이다.

인문학(위)은 취업하기 힘든 것으로 소문이 났다. 학부 졸업자도 그렇지만 석 박사 취득자도 자연계는 말할 것도 없고 다른 사회 계열 학과보다 훨씬 더 불리하다. 주변의 인문학 관련자들을 보면 그 가운데는 그 분야에 대한 자부심이 남달라서 어떻게 든 2세를 설득해서 대학 갈 때 같은 인문학 그것도 기초 분야로 입학시키는 경우가 적지 않다. 그런데 본인의 선의와는 달리 본인 당시보다 학계 상황이 훨씬 더 악화되어 고전 중인 경우가 대부분이다. 반면 인문학의 배고픔을 뼈저리게 느낀 사람들은 아예 작정을 하고 2세를 회유해서 이공 계통으로 보내는 경우도 있다. 나는 당연히 후자의 경우라서 딸아이는 공대를 나와서 캠퍼스라 우아하게 불리는 공장에 근무하고 있다.

여기서 예전에는 이과 라고 불리던 이공계에 대해서는 자세히 언급하진 않겠다. 다만 이공계는 먹고 사는 문제와 직결되어 있어서 국가 경쟁력도 그 분야가 좌지우지하는 만큼 적어도 국가와 정치인들이 그래도 신경을 쓰는 편이고 국가의 예산 배정도 우선적으로 이루어진다. 그래서 과학 기술계는 끊임없이 위기론을 강조하면서 어느 정도의 지분을 챙긴다. 또한 바로 눈 앞에 보이는 척도도 있어서 예를 들면 한국 과학계의 노벨상 수상(위)이 아직 없고 그것은 어떤 문제 때문이고 어떤 방식으로 해결해야 하고 그것을 위해서는 돈을 써야 한다 는 주장이 비교적 잘 먹히는 편이다. 그런데 인문학은 정말 답이 없다.

중국 철학 교실(랩) 출신 가운데 상당수는 연구교수(1)로 마감이 되는 듯하다. 연구교수는 기본적으로 대학의 연구소(아래) 특히 교육부의 인문한국(HK) 지원을 받는 연구소에 비 정규직(임금도 매우 박하다)으로 근무하는 인원을 말한다. 다만 그들은 전임(정규직)이 아닐 뿐이지 제대로 된 학문적 수련(위)을 받고 학위를 가진 사람들이다. 그래서 우리 사회에서 우후죽순으로 머리를 내밀고 케이블에 등장하는 겸임/ 특임교수(아래)와는 완전히 다른 그룹이다. 교수 임용의 나이대가 늦어지면서 퇴직 후에 명예교수(일정한 기간 교수직을 지내야 한다)를 달기 힘든 상황이라 그렇기는 하지만 퇴직 교수(정규직)들이 겸임교수 이름을 걸고 케이블에 나오는 것은 정말 자존심도 없다(석좌교수는 좀 다르다).

　한국의 연구원/ 연구소는 이공 계통은 국책 연구소가 많고 (상당수가 대전 대덕 단지에 있다) 민간 대 기업에도 유수한 연구소가 많아서 제대로 보수를 받는 연구원이 많다. 그렇지만 인문 사회계의 경우 몇몇 국책 연구소(대부분 경제 사회 계열이다, 외교안보연구소는 예외다)를 제외하면 제대로 보수를 받는 연구소는 서 너 개에 불과하다. 교육부 산하의 한국학중앙연구원, 경상북도의 한국국학진흥원, 범 현대 그룹에서 운영하는 아산정책연구원 정도다. 그 외의 연구소는 대학 연구소 수준이라 조직(그럴싸하다)만 있고 대학 조교 한 둘이 연구원을 겸하는 방식이다. K대의 아연(아세아문제연구소)/ 민연(민족문화연구소) 같은 명성 있는 연구소도 조직이 크지만 보수 란 면에서 비슷할 것이다. 국학진흥원 출신의 한 대학원 동기는 강릉의 한 기관(율곡사상연구원)을 맡아 맹 활약 중이다.

　한국의 대학은 그 동안 혼합대(아래) 화 현상이 심각하게 진행이 된다. 다만 혼합대 화 현상과 인문학 연구 환경 악화 사이의 인과 관계는 분명하지 않다. 말하자면 꼭 한국 대학의 혼합대화 현상 때문에 인문학이 쇠퇴한다고 보이지는 않는다. 원래가 인문학은 좀 규모가 있는 대학에서 연구가 이루어지고 그것은 외국도 마찬가지이기 때문이다. 다만 대학 교양과목(아래)에 인문학 전공자들의 일자리가 존재한 것이 사실이고 2년제 기술 대학 수준의 대학에서 교양과목을 강화해야 한다는 논리도 가능하다. 그렇다 하더라도 교양과목이 인문학의 명운을 좌우한다는 것도 그다지 바람직한 현상은 아닐 것이다. 무엇보다 그런 대학에서 인문학 전공자를 전임(정규직)으로 돈을 제대로 주고 쓸 생각이 없을 것이다.

일반적으로 대학은 형태에 따라 기능이 세분되어 있는데 그것은 가장 효율적인 것일 뿐 아니라 시스템의 혼란을 야기하지 않는다는 기본적인 역할도 있다. 4년제 대학/ 2년제 대학(기술 대학)은 물론이고 4년제 대학도 연구 중심 대학/ 비 연구 중심 대학 이 구분되어 상호 보완적인 역할을 하는 것이 훨씬 더 바람직하다. 무슨 우열의 문제가 아니다. 군대도 사관/ 준사관/ 부사관/ 병 이 수행하는 일이 다르고 기능의 구분이 있기 마련이다. 그 뿐 아니라 의대/ 법대 같은 전문직 대학원(2년제 기술 대학을 전문 대학 이라 부르는 것은 일본에서 잘못 붙인 명칭을 그대로 들여온 것이다)을 어떤 과정에서 어떻게 양성하는가 라는 문제도 있다(미국은 일반 대학 졸업자 가운데 의사/ 변호사 과정 인원을 뽑는데 한국도 어느 날 갑자기 그걸 도입한다).

혼합대(위) 화 는 한국 대학 특유의 현상으로 1980년대부터 진행된 대학 교육 수요의 확대에 힘입어 학원재단(4/ 주식음)과 관련한 사회 계층의 농간이 들어가서 빚은 사회적 현상이라 할 수 있다. 2년제 기술 대학을 4년제 일반 대학 비슷하게 운영하고 다시 그 단과 대학 수준의 대학을 종합 대학(대학교)으로 부르는 인플레이션이 일어난다. 당시 누구인지는 몰라도 교육부의 정책 결정자가 원칙에 준해서 행위하지 않고 편법(우리 사회는 특히 편법에 능하고 그것을 상당히 좋아하는 편에 속한다)을 시현하면서 거의 제어 불능하게 진행이 된다. 혼합대는 쉽게 말하면 잡대(雜大)라고 할 수 있는데 이 때는 비 서울/ 비 국립/ 비 거점 대학을 비하하는 용어가 절대 아니다.

인문학(위)은 기본적으로 2년제 대학(기술 대학)이 아니라 4년제 대학 가운데서도 연구 중심 대학을 중심으로 연구가 진행이 되는 것이 맞다. 말하자면 비 연구 중심 대학에 인문학 대학원 과정이 개설되는 것은 별로 바람직하지 않다. 연구 중심 대학에서 양성하는 연구자도 취업 문제가 심각한데 비 연구 중심 대학에서 인문학 연구자 석/ 박사가 쏟아지는 현상은 그다지 다. 한국의 대학은 기능의 구분이 되지 않아서(위) 완전히 백화점이다. 2년제 대학(기술 대학) 또는 대부분의 4년제 대학은 종합 대학이 아닌 것이 정상인데 한국의 대학은 죄다 종합 대학이다(북한도 종합대학이 몇 개만 있다). 교대가 종합대학 유니버시티이고 (교)장이 총장인 나라는 한국 밖에 없을 것이다(거의 코미디라 보면 된다).

혼합대 화는 다양성이 아니라 오히려 획일화에 가깝다. 그것이 가장 큰 문제인 셈이다. 한국 대학은 상당 기간 혼합대(또는 잡대) 화의 시기를 지나서 이제 출산율의 저하가 본격화 함에 따라 그 해결의 실마리를 보이고 있다. 이른바 벚꽃 피는 순서에 따라 대학이 문을 닫고 제대로 된 구조 조정이 진행될 것이기 때문이다. 창궐했던 혼합대의 시대를 인구 문제가 자연스레 정리하게 될 것이다. 일세를 풍미했던 편법(위)의 시대가 잘 마무리되면 좋겠지만 상당한 혼란을 동반할 듯하다. 여러 유형의 대학이 제 자리를 찾고 연구 중심 대학에서는 이공계는 노벨상도 나오고 인문계도 미국 식민지 상태(위)에서 벗어나길 진심으로 기대한다.

강사론

박사 과정을 수료한 해부터는 한편으로는 박사 논문을 준비하면서 다른 한편으로는 대학강사(아래)를 하는 생활로 접어든다. 주변에서는 보수와는 상관없이 내가 대학 강의를 하는 자로 인식이 되고(강의 시작 당시에 갓 결혼한 상태라서 적어도 처가에서는 그렇게 인식이 된다) 그 생활은 7년 정도 계속된다. K대의 지역 캠퍼스(세종시)에서 교양 강의를 시작해서 주로 본교의 법대와 경영대의 교양과목을 담당한다(청주의 C교대에서도 교양과목을 담당한 바 있다). 틈틈이 H외국어대, 안동의 A대 등에서 전공과목 일부를 담당하기도 했다. 당시에 몇몇 대학에 전임(정규직) 취업을 시도해 보지 않은 것은 아니지만(그 중의 한 2년제 대학은 1반 J가 나중에 총장 취임해서 놀랐다. 1) 대부분 대학 강의 특히 교양과목(아래)을 강의하면서 경력을 쌓는다.

우리 사회에서는 강사 란 이름의 사람들이 많이 있다. 대학강사도 그 가운데 하나다. 다만 대학강사와 다른 강사는 많은 차이가 있다. 적어도 대학강사는 대학/ 대학원을 합해서 적어도 10년은 학문적 수련(위)을 받은 사람들이다. 그 가운데는 박사학위를 가진 사람도 상당수 있다. 의대를 예로 들면 의사들은 일반의를 취득한 다음에도 본인의 희망에 따라서 인턴/ 레지던트/ 펠로(전임의)의 오랜 과정을 밟는데 대학강사도 의사(4/ 주식음)들만큼 대단하진 않지만 기간 이란 면에서 그에 못지 않는 수련의 과정을 통과한다. 전임(정규직)을 따지 못한다 하더라도 사실 상 2년제 대학 실무 강사(아래) 급인 겸임/ 특임교수 와는 그 수준이 완전히 다르다.

물론 강사는 학원 강사도 있고 대중 강사(아래)도 있고 위에서 말한 대학의 실무 강사(겸임/ 특임교수 라 불린다)도 있다. 대학강사 가운데 생활고를 못 이겨서 돈이 되는 대중 강사로 데뷔하는 사람도 있고 심지어는 멀쩡한 대학의 정규직 교수가 대중 강사로 투잡을 뛰고 돈을 추구하는 경우도 있다. 메이저 대학인 Y대 교수 출신 K선생은 그 방면으로 악명이 높다. 연구 중심 대학에 해당하는 Y대 교수는 제대로 연구 활동을 해서 사회적 책무를 다하는 것이 맞는데 젊을 때부터 대중 강사로 나서서(이북 사람 인 그는 부양해야 할 월남한 가족 친척이 많아서 그럴 수밖에 없었다는 해명을 한다) 나이가 백 살이 넘을 때까지 그러고 살고 있다. 같은 대학의 작고한 다른 K교수는 부양할 가족이 없는데도 비슷한 케이스다(그게 뭡네까?).

학원 강사도 대학강사 에게 함정이다. 조금 다른 얘기지만 K대 문과대(위, 아래) 출신들도 이전에도 상당수가 학원 강사로 나가고 어떤 친구들은 경제적으로 완전히 거듭나서 나타나기도 한다(일타 강사 인 듯하다). 대학강사 가운데는 생활고 때문에 학원 강사로 나가서 결국 돌아오지 못하는 경우가 상당히 있다. 나도 학원 강사 라도 하라는 압박을 받지 않은 것은 아니지만 그러한 부당한 처사에 결코 굴복하지 않은 덕분에 여기까지 라도 온 것 같다. 잠시 학원 강사로 갔다가 다시 돌아온 사람들은 그나마 보통 사람이 아닌 듯하다. 특히 인기 있던 대학 입시 논술 담당 학원 강사는 비교적 돈이 되는 것이라서 더 그런데 대학원 철학과의 대학강사는 논술 채점에도 투입되는 만큼 유혹도 크다.

물론 대학강사도 연구교수(위) 또는 강의전담교수로 나가기도 하지만 비 정규직이라 기간이 한정되어 있고 보수도 처참하다. 더구나 교수 란 명칭이 아무 데나 막 쓰이고 있어서 말도 못하고 입을 다물 수밖에 없다. 케이블에 나오는 겸임/ 특임교수(위)들은 말할 것도 없고(대부분 연구 경력과 수련 과정과는 아무 관련이 없는 사람들이다) 한국도로교통공단 등의 연구원/ 강사들도 교수 란 명칭을 사용한 지 한참이고(30년쯤 된 것 같다) 얼마 전부터는 학원 강사도 교수 란 명함을 사용한다. 이러다 가는 가르치는 직업 가운데 대학강사 빼고는 죄다 교수일 시대가 곧 도래할 것 같다. 특히 사회적으로 경력이 비교적 멀쩡한 인원(l)들은 겸임/ 특임교수 걸지 말고 직업 상의 자존심을 좀 지켰으면 한다.

 본론으로 돌아가서 대학 강의는 교양과목/ 전공과목 으로 나뉜다. 이전에는 교양학부가 따로 있어 1~2년간 교양과목을 듣고 3, 4학년에 전공과목을 듣는 체제였다. 그렇지만 어느 순간 교양학부가 사라지고 교양과정(liberal arts course or general education course)은 몇몇 인문학 또는 사회과학 학과의 인원들이 맡는 시스템으로 바뀐다. 유럽처럼 대학 준비 과정이 있는 나라에서는 그 자체가 교양학부 수준이고 미국도 고교에서 심화 과정을 듣는데 그것이 교양학부 과정에 해당한다고 볼 수도 있다. 한국은 현실적으로 고교에서 교양학부 수준의 과정을 강의하기 힘든 상황이다. 그냥 교양과정이 사라진 형국이다. 여기서 교양과정의 교양은 물론 일반적인 용법의 교양(아래)이 결코 아니다.

 유럽과 미국의 대학도 의외로 70년대 이후에 교양과정(위)이 중시되어 특히 영국의 옥스브리지는 상당히 높은 수준의 교양과목 강의가 개발된다. PPP(철학 정치학 심리학) PPE(철학 정치학 경제학) 과정이 대표적인데 다 학문(multi-discipline)적인 높은 수준의 교양과목이다. 한국 대학에서도 S대를 비롯한 일부 대학에서 그것을 벤치마킹해서 몇 개 영역을 선정하고 그 영역 안에서 여러 가지 과목을 개발하지만 소기의 성과는 거두지 못한 듯하다. 제목은 그럴 듯하지만 내용은 없는 과목이 대부분이다. 아니면 일반적인 용법의 교양(위)에 해당하는 과목 예를 들면 '와인의 감상', '꽃과 꽃이' 등과 같은 대학 평생교육원 수준도 안 되는 강의(요즘은 구청이나 동 사무소도 그 이상이다)를 개설해서 유지하다 과정 자체가 유명무실 해진다.

나는 철학과에서 공급하는 교양과목인 '현대 사회와 가치의 문제'를 오랜 기간 담당하는데 나름대로 옥스브리지 급의 수준 높은 강의를 하기 위한 시도를 한다. 당시 영국 대학 인문학 또는 영국 대학의 교양과목(위)에서 점차 중요한 분야로 떠오른 인류학(부록 2)을 일부 도입해서 강의 초반의 4분의 1은 현대 이전의 인류 역사를 빅 히스토리의 관점에서 다루는 것으로 조정한다. 나머지 4분의 3도 정치학, 사회학, 윤리학을 집중적으로 넣고 동/ 서양 을 모두 다루어서 나름 최고의 교양과목을 제공하기 위해서 분투한다. 물론 당시에 내가 그만한 역량이 되는가 가 문제가 될 수는 있지만 그것과는 상관없이 그러한 이상을 추구한 것에 스스로 의미를 부여해야 할 듯하다.

서관사/ 西館辭

주로 법대와 경영대에서 교양 강의를 했지만 내 대학원 소속이 철학과(위)라서 문과대(아래) 건물을 10년 넘게 왔다 갔다 하다 보니 당시 눈에 익은 사람이 다시 보이는 경우도 없지 않다. 한 때 강력한 차기 대통령 후보로 부상했다 낙마한 A가 어떤 이유로 눈에 띄었는데 신문에서 한 평가와는 전혀 다른 이유 에서였다(나는 인물이 없다 고 해서 기억하는데 대중 들에게는 미남으로 평가받았다). 문과대 출신으로 대학원 합동 세미나 팀 등에서 보이던 K는 어느 날 TV에 대구 시장으로 나온다(서울시 정무부시장 출신이다). 문과대에는 점차 여학생 비중이 올라가서 그런지 미인 급에 속하는 학생도 없지 않았는데 그 중에는 이후 지상파 방송에서 보이는 사람들도 있었다.

신촌의 Y대 만큼은 아니지만 K대도 고풍스러운 모습의 건물이 좀 있는 편이다. 자동차 없는 캠퍼스가 시현되고 새로운 건물이 많이 들어서지만 대학 본부가 있는 본관 건물과 그 동편의 도서관(대학원 도서관)과 그 서편의 서관 이라 불리는 문과대(위) 건물은 그나마 옛 모습이 많이 남아 있다. 캠퍼스 안에서 수시로 데모대가 출정하고 최루탄 가스가 학교 안으로 흘러 들어오던 때에도 그나마 문과대는 이른바 학문의 전당 비슷하게 작동하던 것 같았다. 어느 정도 명성이 있는 교수들이 있고 그들이 맡는 교양과목(위)은 학생들로 가득차고 문과대뿐 만이 아니라 비교적 가까운 정경대(위)와 법과대에서도 건너와서 유명 강의를 듣는 경우가 적지 않았다.

취업 경쟁이 심화되는 지금은 어떤 지 모르지만 당시는 그래도 문과대 건물 안 강의실에서 문학/ 사학/ 철학(위)의 기초 분야에 전국구 급 교수들이 수준 있는 강의를 하고 그것을 와서 듣는 학생도 있었으니까 아무래도 지금 보다는 훨씬 더 학생들의 지적 수준이 더 높았으리란 생각이 든다. 당시는 잡지의 시대이기도 해서 문학 잡지는 물론이고 한 때 기세가 높았던 사회과학 잡지도 잘 팔리고 인문학/ 사회 과학 의 특강이 열릴 때도 나름 북적북적했다. 물론 소설도 활발하게 시장에 나오고 시집도 많이 팔려서 당시 미국 명문 대학처럼 고전을 필수로 읽어야 하는 정도는 아니었지만 그나마 어느 정도의 수준은 유지한 것 같다.

당시 교수진 가운데 영문과의 김우창 선생은 상당 기간 일간지에 장문의 칼럼(아래)을 쓴 바 있다. 이미 민음사의 "세계의 문학" 등에서 높은 수준의 인문적 교양(위)을 보여준 선생은 정년 이후 경지에 오른 듯 한국에서 가장 인문적 수준이 높은 칼럼을 쓰고 네이버의 무슨 논단에서도 활동한 것 같다. 불문과의 김화영 선생도 수준 있는 카뮈 번역으로 큰 족적을 남긴다. 선생은 얼마 전 언론 인터뷰에서 한국 최초의 노벨문학상 수상자를 황석영(2)으로 예측한 바 있는데 좀 허를 찔린 듯하다. 지면 관계 상 역사학은 건너 뛰고 철학과에 잠시 근무하고 센세이션한 강의를 자주 한 도올 김용옥(위)도 아직까지 활동하고 있고 동학 경전과 "주역"에서 작업이 나오고 있다.

국문과의 정광 선생은 "노걸대"(1990년 대구의 한 고서점에서 발견된다)를 연구해서 중국어 즉 현대 한어 의 기원을 밝히는 업적을 남긴다. 북경어(Beijinghua)라고도 불리는 현대 한어는 만다린(Mandarin)이란 별칭도 있다. 상당 기간 북경관화(조정의 공용어다)라는 형식으로 북 중국에 전파된 그 언어는 서남 지역(사천 귀주 운남)(5)까지 퍼진다(더 정확한 분류는 서남관화다). 이전의 중국계 마약왕이 지배하던 태국 북부(황금의 트라이앵글 지역) 고산 지대 마을에서도 그 언어가 사용되고 있다. 비 북경어 사용 지역은 화동과 중남 지역(5)이 대표적이다. 오어(상해어), 민어, 월어(광동어), 상어, 감어 등이 그것이다. 그 외 장, 태, 동, 수, 묘, 요(주로 서남 지역과 중남의 광서성) 등의 언어는 소수 민족이 사용한다.

현재 신 중국에서 공용어(普通話, Putonghua)로 사용되는 북경어(만다린)는 엄밀하게 말해서 오어, 민어, 월어, 상어, 감어(위) 또는 장, 태, 동, 수, 묘, 요 등의 한어 계통 언어(위)와는 구분되는 언어다. 왜냐하면 북경어(만다린)는 북방 민족(정복자으로 중국으로 들어가서 요/ 금/ 원과 청 을 세운다)의 지배를 오랜 기간 받은 북경 지역(남경/ 중경/ 대도 라 불린다)에서 한어 계통(위, 한 장어의 일부다)과 알타이언어 계통 언어의 혼성어(한아언어, 한 이문)로 시작하기 때문이다. 원대의 북경어가 고려조 말기의 외국어 교육 기관(사역원, 한어도감)의 교과서 형식으로 남아 있는데 그것이 바로 "노걸대"이다("역주 원본 노걸대", 해제). 중국과 일본에서도 그 이론을 점차 인정하고 있는 중이다. 정광 선생은 최근까지 언어학 방면의 저술을 내고 있다.

참고로 노걸대(老乞大)의 걸대(乞大)는 키타이(Kitai) 즉 거란의 음역이다. 러시아와 중앙 아시아에서는 (몽골 제국 이래) 중국이 키타이 로 불린다. 홍콩의 케세이 퍼시픽(항공사)의 케세이 도 바로 그 단어다. 말하자면 유라시아 대륙의 북부 지역에서 인식되는 중국은 남 중국 보다는 북 중국 이고 그 가운데서도 10세기 이래 북 중국을 지배한 요, 금, 원, 청 이다.

그 시초가 되는 요(아래)를 세운 민족 집단인 거란(글안)이 그 대표 명칭으로 자리잡는다. 한국도 고려조(935~1392)의 고려 (Corea)가 대표 명칭이란 것은 우리가 잘 아는 바와 같다. 요, 금, 원 에 이어서 청 제국도 북경(위)을 수도로 삼고 북경어(만다린 Mandarin 은 만주의 滿大人 에서 나온 용어다)를 공용어로 쓴다. 한반도의 역사도 북방 북국(2025, 20장)과의 관련이 중요하다. 요, 금, 원, 청 가운데 원/ 청 은 북국 제국(2025, 23장)의 반열에 오른다.

여담 1

영 천 읍

나의 면 단위 생활(여담 2)은 초등학교 교사였던 아버지가 영천읍의 한 학교로 전근가면서 끝이 난다. 같은 영천군(현재는 영천시)이긴 하지만 나는 동쪽(포항 방면이다)의 고경면 출신이고 초등학교 3학년까지 그 지역에서 살았다. 우리 가족은 영천읍 완산시장 거리의 한 골목길 안 어떤 집의 방 한 칸의 셋집으로 들어간다. 면 단위(위)와 읍 단위의 물가 차가 엄연한 만큼 그것은 당연한 일일 지도 모른다. 여하튼 그 집에서 나와서 읍사무소가 있는 오거리 쪽으로 가면 남쪽은 Y교(국민학교)로 가는 길이고 북쪽은 강을 건너 구 읍성 성내로 가는 길이다. 거기서 서쪽으로 계속 가면 다시 다리 건너 서문통(작은 고모 생각이 난다)이다. 그리고 오거리에서 동남쪽으로 또 하나의 길이 있는데 영천역(아래)으로 이어진다.

초등학교

완산 시장(위) 지역은 읍성의 바깥이고(아래) 오랜 역사를 자랑하는 시장인데 특히 5일장 때는 영천군 뿐 아니라 다른 지역에서도 많은 사람이 몰린다. 그 지역은 주로 시장과 장사와 관련 있는 사람들이 사는 곳인데 강 건너에 또 다른 구역이 있다는 것은 당시에는 잘 인지하지 못한다. 완산시장은 그 이전에는 역참 마을이었다고 한다. 열차(기차) 역을 한국과 일본에서는 역(驛)이라고 하고 중국에서는 참(站)(zhan)이라고 하는데 그 어원인 역참은 오랜 역사를 가진 지상 도로망인 셈이다. 조선조에는 한성(한양)(3)과 전국 각지를 연결하는 길이 있고(경흥대로, 의주대로, 영남대로 등) 영남대로는 동래에서 경주/ 충주를 거쳐서 도성으로 간다.

  조선조의 지방관은 읍격(읍의 위상)에 따라 목사/ 부사(도호부사)/ 군수/ 현감 등의 명칭으로 불리는데 또 하나의 지방관이 있다. 바로 역참을 관리하는 찰방(察訪)인데 해당 관할 구역을 관리하는 현감 급(6품)의 관원이다. 예를 들어 전북 서부 지역에는 오수 라는 지역에 찰방이 주재하면서 그 주변 고을의 역참을 관리하는데 유허비가 있다. 영천에도 찰방이 주재한 것인지는 모르지만 완산시장 한 쪽에는 역참의 운송 수단인 말과 관련한 조형물이 있다(말죽거리 란 지명도 보인다).

아무튼 영천이 말과 관련이 있는 것은 분명하고 그것이 한 때 부정적인 이미지로 쓰인 적도 있지만 요즘은 말과 관련한 콘텐츠를 개발해서 관광 자원화 하는 움직임도 보인다.

완산시장은 유명한 시장(위)이었을 뿐 아니라 그 시장과 관련해서 번화가 내지는 환락가의 역할을 겸한 듯하다. 물론 극장도 그 곳에 있어서 당시 유행하던 극장 쇼가 가끔씩 열린다. 그 때 쇼가 시작하기 전에 관련 연예 종사자들이 시장 주변을 둘러보면 아이들이 줄줄 따라다니던 기억도 난다. 나훈아/ 남진도 한 번쯤은 그 극장을 훑고 지나갔을 텐데 어려서 자세한 기억은 없다. 시장 동편 끝에서 남쪽으로 조금 내려가면 다시 영천역(위)이 나오고 부산 부전역 에서 서울 청량리까지 연결되는 중앙선이 정차해서 서울 외가에 갈 때 주로 이용한다(3/ 외가록). 카뮈 번역자이자 그 당시 감성적인 수필도 좀 썼던 김화영 선생(부록 3/ 서관사)도 영주가 고향이라 나처럼 중앙선에 대한 감회가 많았던 듯하다.

강 하나가 영천읍의 중간을 가로지른다. 금호강이다. 경상도(영남 지역)를 남북으로 가로지르는 낙동강의 지류(1) 가운데 그 강은 꽤 규모가 큰 하천으로 알려져 있다(그 외에 황강, 남강 등이 대표적인 지류다). 경상도(영남 지역)는 수계가 하나로 모이고 전라도(호남 지역)는 각각 다른 수계를 형성한다고 해서 풍수 지리 상의 말도 많았다("택리지"에서 이중환이 내놓은 설이다.). 여하튼 금호강은 포항 북구(죽장)에서 발원해서 영천/ 경산(하양)을 거쳐서 대구 달성(다사)에서 낙동강으로 유입된다. 완산시장은 강의 남쪽이고 읍성은 강의 북쪽 지역이다. 읍성 쪽(북쪽)에는 동문(동문 교회) 서문(서문통)이란 이름이 아직 남아 있고 조양각 이란 누각도 꽤 유명한데 지금은 주변의 높은 건물(주로 아파트)에 눌려 있다.

오거리(위)에서 바로 북쪽으로 강을 건너는 다리가 하나 있고 그 다리를 건너면 어린 당시 기준으로 미지의 세계가 펼쳐진다. 남쪽의 시장과는 조금 다른 어떻게 보면 좀더 세련된 가게가 있었던 것 같고 일본식 주택이 많은 편이었다. 까만 색깔에 창문이 달리고 색다른 지붕의 그런 주택은 좀 경제적 여유가 있던 사람들이 산 것 같다. 읍의 우체국장 집에

놀러가서 한번 들어가 본 적이 있는데 신기해했던 기억이 난다. 읍성 쪽에 살던 중학교(아래) 동기 하나가 일본 여행을 갔다 와서는 방문했던 지역(아마 약간 오래된 구역인 듯하다)이 어릴 때 보던 풍경과 비슷하다 한 적이 있다. 완산시장(위)과는 달리 강 건너 성내에는 당시까지 일본식 주택이 많았기 때문일 것이다. 화교 학교도 어디 있었던 것 같다.

원래 영천읍에는 초등학교가 하나 밖에 없었는데(내가 나온 강 건너 남쪽에 소재한 Y교다) 점차 학교가 더 생긴다. 강 건너 성내에 생긴 학교는 영천J교 란 이름이 붙는데 읍성 지역이 역사적으로는 영천 이란 지역의 중앙 이라고 할 수가 있기 때문에 그다지 잘못 지은 이름은 아닐 듯하다. 그리고 또 다른 학교는 읍성 기준으로 서문 쪽과 그 주변의 인구를 흡수하는 학교인 듯한데 영천의 영 자와 다른 좋은 뜻의 글자 하나를 붙여서 만든 이름인 듯하다. 영천J교(위)는 그 지역의 경제적 수준이 괜찮은지 아니면 전통적인 동네라서 그런지 대구 경북고(2) 수석 입학자도 나오고 우리 기에도 입학자가 가장 많이 나온다.

당시에는 버스 터미널도 강 건너(북쪽)에 있었던 것 같은데 이후 서문에서 가까운 강 남쪽으로 옮겨간다. 우리 가족은 완산시장 골목의 집에서 살다가 시장 동쪽 끝에 비로소 처음으로 집을 마련해서 이사하고 다시 현재의 버스 터미널 쪽에 새 집을 지어서 방 4칸짜리 집을 소유하는데 당시는 방 2개를 사용하고 나머지는 세를 줘서 여러 가구가 살았던 기억이 난다. 내가 경북고(위)에 입학한 뒤에는 매일 영천역으로 걸어가서 열차를 타고 한 시간 여 대구역까지 달려간 다음 다시 버스를 타고 봉덕동 학교까지 가는데 새벽부터 정신없었던 기억이 생생하다. 그 때 중/ 고교 동기 가운데 하나인 H(1)와 잠깐 통학길을 같이 하는데 그 친구는 잘 적응하는 듯했다.

당시 아버지가 근무하고 내가 다녔던 강 남쪽의 Y교는 꽤 규모가 있는 학교였다. 한 학년 6반의 36학급 정도에 교장 교감 서무실 직원까지 합하면 거의 40인이 넘는 교직원에 2000명의 학생 수를 자랑한다. 최근에 그 학교에 가 본 적이 있는데 예전과는 분위기가 다른 듯했다. 그 지역에서 오래 산 절친 K의 말에 따르면 영천도 다른 지역과 마찬가지로 외곽(아래)이 개발되어 구 시가지의 인구는 줄어들고 그 학교도 지금은 겨우 학급 수를 유지하고 있는 상태라고 한다. 그 학교의 총 동창회장도 한 번 역임한 그 친구는 외손자들을 비교적 거리가 먼 그 학교에 구태여 입학시켜 직접 데려다 주는 수고를 마다하지 않았다.

  나는 아버지를 따라 학교로 가서 4학년의 한 반에 들어간다. 이전의 면 단위(여담 2)의 학교는 아담하고 한 학년에 두세 반 정도였는데 아무튼 학교 규모가 엄청 크게 느껴지고 반에는 여자 아이가 하나도 없었다. 당시만 해도 여자 아이들을 유교 걸(아래)로 키워야 한다는 사회적 압박이 있어서 그랬는지 몰라도 남녀 십세(?) 부동석(不同席)의 원칙이 적용된 것 같았다. 당시 영천읍은 그래도 읍 수준의 도회였고 그래서 처음 전학간 사람에게 그다지 우호적일 것 같지는 않았는데 나는 다행히 아버지가 같은 학교 교사라서 신고식을 좀 유하게 해 준 것 같았다. 물론 그 읍에도 상당한 지위를 가진 사람들이 있겠지만 적어도 학교에서는 아버지가 교사인 것은 가장 효율적인 빽일 수밖에 없다.

Y교는 학생들의 구성이 좀 독특한 듯한데 대략 세 가지 그룹이었던 것 같다. 영천 완산시장과 그 주변의 상인들 자제가 한 그룹을 이루고 그 외의 외곽 농촌 지역의 농민들 자체가 또 한 그룹을 이루고 다른 한 그룹은 의외로 강 건너 구 읍성의 성내에서 온 그룹이다. 나는 지역적으로는 완산시장과 그 주변의 상인들 자제와 한 그룹이었지만 내가 어릴 때부터 그 지역에서 산 것이 아니고 얼마 전에 전입한 데다 아버지가 교사여서 그 쪽 그룹과는 좀 이질감이 없지 않았다. 어떻게 보면 외곽 농촌 지역 농민들 자제들과 정서적으로 좀더 공통점이 많다고 할 수 있다(다만 내가 직접 농사 일을 거든 경험은 적고 노동을 싫어하는 성향이라 좀 다르긴 했다).

강 건너 구 읍성의 성내가 집인데도 남쪽의 Y교로 오는 친구들은 부모들이 바로 그 학교를 나오고 그 지역에서 비교적 오래 산 사람인 듯했다. 절친 K(위)가 구태여 외손자들까지 비교적 멀리 있는 그 학교로 보내는 것처럼 성내의 그 부모들도 자식들을 새로 생긴 영천J교로 보내지 않고 구태여 그 학교로 보낸 듯했다. 그런데 그 친구들은 완산시장 상인들 자제

만큼 경제적으로 유복하고 외곽 농촌 지역 농민들 자제는 물론이고 상인들 자제보다도 세련된 그 무엇이 있었던 것 같다. 여자 아이들도 그 쪽에서 온 아이들이 더 도회적인 것 같았다(그렇지만 반드시 꼭 그런 것은 아니었는데 남쪽 외곽 지역에도 꽤 사는 듯한 사람들의 자제가 없지 않았기 때문이다).

여하튼 나는 주로 외곽의 농촌 지역 자제들과 논다. 면 단위 출신인 나의 농촌 친화적인 정서가 작용했을 수도 있고 아니면 시장 지역 자제들을 견제하기 위해서 농촌 지역 자제들과 연합한 것일 수도 있다. 예나 지금이나, 한국이나 외국이나, 학교는 공부 아니면 운동이다. 공부를 잘 하거나 운동을 잘 하면 인기가 있고 친구들에게 어느 정도 인정을 받을 수 있다. 물론 성격과 인품도 중요하지만 공부도 운동도 그다지이고 성격과 인품만 뛰어난 친구들이 인정받는 데는 좀 시간이 필요하다. 지금까지 연락하고 만나는 Y교 친구들은 나이도 좀 많은 편이고 운동을 잘 하던 사람들이다. 보기보다 까다로운 성격의 나를 잘 받아주고 학교에서도 나를 많이 도와준 것 같다.

중학교

강 건너의 또 다른 한 구역에 있는 중학교로 가면서 내가 경험하는 세계는 더 넓어진다. 유교 걸(위)을 기르는 당시의 교육 방침 때문인지는 몰라도 영천읍의 3개의 초등학교(당시 국민학교)를 나온 학생들은 남/ 녀가 달리 배치된다. 강 건너의 동쪽 끝에는 남중이/ 서쪽 끝에는 여중이 뚝 떨어져서 있기 때문이다. 이미 초등학교 4학년 때부터 남/ 녀반을 분리한 탓에 여중으로 배치되는 여자 아이들은 잘 모르겠고(완전히 모른다 고 딱 잡아 뗄 수는 없을 지도 모른다) 남자 아이들은 현재 시청이 있는 당시로는 강 건너 최 동단에 위치한 Y중학교로 가게 된다. 거기에 가기 위해서는 아무튼 강을 건너야 하는데 원래 있던 오거리에서 연결되는 다리/ 서문통으로 연결되는 다리 말고 또 하나의 다리가 생긴다.

영동교다. 한 때 부실 공사의 오명이 있었던 것 같은 그 다리는 영천읍의 동쪽에 있는 다리라서 영동교 란 이름이 붙은 것 같다. 영천읍의 두 번째 고교가 생길 때 그 학교의 이름으로 채택되기도 한다(첫번째 고교는 우리가 예상하는 바처럼 Y고교다, 아래). 유명 트로트 여가수 J의 비내리는 영동교의 그 영동교는 물론 다른 영동교다. 그 때의 영동은 현재 서울 강남(3)의 이름으로 쓰이던 영동 인데 영등포의 동쪽이라 영동이라 불린다. 원래의 서울(한성 또는 한양)이 강을 건너 영등포(경기 시흥군)로 확장되고 1970년대에는 다른 쪽(경기 광주군)의 상습 침수지(당시 사진에는 피수대도 많이 보인다)가 개발된다. 영동 블루스(김연자 곡을 한참 후에 송가인이 리바이벌한다)도 명곡이다.

각설하고 Y중학교도 좀 역사가 있는 학교인 듯한데 당시에는 그 사실을 몰랐다. 아버지는 사범학교를 나와서 평생 교사 생활을 하고 마지막에는 경주에서 교장을 지내는데 아버지가 그 학교를 나왔다는 것은 몇 십년이 지나서 야 알게 된다. 그래서 우리 집 2대를 걸쳐서 나온 학교라는 자부심을 가지고 그 학교를 다시 보고 아버지가 돌아가신(2003) 뒤에 그 학교에 아버지 이름의 장학금 하나 라도 전달해야 한다는 의무 아닌 의무감을 느낀 바 있다. 다만 나 개인적으로는 평생 경제적으로는 바닥권을 헤매고 산 지라 그럴 능력이 안 되고 두 동생들에게 좀 협조를 타진하지만 우리 가족이 대구(2)로 가면서 나 외에는 아무도 그 학교를 졸업한 사람이 없어서 그런지 나하고는 입장이 좀 다른 듯했다.

  그 학교는 초등학교와 다른 점이 너무 많았는데 교장 교사 서무실 직원들도 대구(위)에서 통근하는 경우가 적지 않았다. 또한 교과목마다 그것을 가르치는 교사가 지정되어 있고 영어 라는 외국어를 가르치는 교사도 따로 있다 는 사실도 놀라웠다. 내가 장남이라 그런지 나는 아직까지 외국어 교과서를 한 번도 본 적이 없는데 *Tom and Judy* 란 책에는 한글이 하나도 없고 전부 꼬부랑 글로 되어 있어 또 한번 놀랐다. 그리고 무엇보다 영어가 단어로 구성되어 있는데 그것을 하나하나 다 외워야 한다는 사실을 인지하고 쇼크를 받았다. 평생 나는 동 아시아를 공부하고 고전어 한문과 현대어 몇 가지를 기본으로 활용하는데(2/ 어학행) 그 때가 외국어(현대어)를 처음 접하는 순간이었다.

  Y중학교는 학생 구성이 매우 복잡하다. 영천읍의 3개 초등

학교에서 온 친구들이 있고 그 외에도 영천읍과 인접한 곳의 여러 초등학교를 나온 친구들이 있기 때문이다. 영천읍에서 좀 떨어진 지역은 각각 그 곳의 면 소재지를 중심으로 한 신설 중학교로 주로 배치된 것 같다. 물론 북쪽인 구 신녕현 지역(3/ 외가록)에는 좀 더 오래된 학교가 있었던 것 같은데 그것까지는 자세히 알지 못한다. 이전에 내가 살던 고경면 지역은 영천읍에서 가장 가까운 단포리의 초등학교 하나만 Y중학교로 배정되고 나머지 학교는 모두 고경면의 고경중학교(여담 2)로 배정되는데 고향의 친척들은 모두 그 쪽으로 가고 내가 3학년까지 다녔던 고촌국민학교 동기들도 그쪽으로 간다.

중학교에서는 강 건너인 영천J교와 다른 한 학교 출신 친구들도 있지만 내가 나온 Y교 친구들과 더 친하게 지내는 것은 어쩌면 당연할 일일 수도 있다. 무엇보다 그 중학교는 한 학년에 거의 12반(720명)의 규모인 데다 여러 곳에서 온 친구들이 많아서 다 알기는 힘든 상황이었다. 그래서 공부 좀 하는 친구들이나 운동을 잘 하는 친구들 아니면 같은 반을 한 100여 명 정도나 서로 알 정도였다. 더구나 읍내의 3개 초등학교 외의 여러 지역에서 온 학생들은 아주 특별한 경우가 아니면 이후에 연락이 끊어지는 경우가 많다. 선 후배와의 연계도 마찬가지다. 그 규모 상 다른 학년의 선 후배를 알 확률은 훨씬 더 떨어진다고 할 수밖에 없는 노릇이다.

그런 상황은 졸업 후에는 더 심각하다. 그나마 같은 구내의 Y고교로 진학한 사람들은 중/ 고교 동기라서 상당한 유대가 있을 듯하다. 그렇지만 나처럼 다른 지역으로 간 사람은 서로 연락하고 알 수 있는 경우가 드물다. 각자 중/ 고교를 졸업하고 난 후에 영천읍에 눌러 사는 사람은 어느 정도 교류가 있을 것이다. 결국 읍내뿐 아니라 여러 구역에서 온 혼합 집단인데다 숫자마저 지나치게 많은 그 중학교의 연대는 한계가 있을 수밖에 없다. 나도 내가 나온 초등학교 행사(주로 체육대회 다)에 몇 번 참석한 적은 있지만 중학교 행사는 별로 가 본 적이 없다. 서울의 중학교 재경 동문회가 있는 것 같지만 향우회 정도의 느낌이다.

중학교 동기 중에는 경북고(2)로 진학해서 중/ 고교 동기가 된 5인이 그나마 연결점이 있는 편이다. 공부를 좀 해서 경고로 간 5인 가운데 강 남쪽 내가 나온 초교는 나 하나이고 강 북쪽의 영천J교 출신이 셋이고 또 다른 한 학교 출신이 하나다. 또 다른 한 학교(위) 출신 H는 앞서 말한 바처럼 영천에서 대구까지 열차 통학을 잠시 같이 한 사이인데 그 후 거의 연락이 없다가 60이 되는 해 내가 책(2018)을 출간해서 전해주는 과정에서 겨우 교유가 이어진다(1). 그리고 영천J교 출신의 세 명은 모두 대구로 이사를 가서 우리 어머니와 그 세 어머니들끼리 서로 만나는 사이지만 우리 4인이 서로 사는 지역이 달라서 인지 서로 볼 수 있는 기회는 많지 않았다. 그 가운데 한 사람인 Y는 얼마 전에 유명을 달리 하는 바람에 아쉬움이 더 많다.

강 건너 최 동단 외곽이었던 Y중학교 주변 지역은 이후 천지개벽을 한다. 서울(한성 또는 한양)(3)의 강 건너 강남(영동) 지역이나 대구(2)의 범어동 너머 수성구 지역 도 그렇지만 한때 소읍이었던 영천도 비슷한 궤적을 걷는다. 읍 사무소(시로 승격해서 시청이 된다)도 그 지역으로 옮겨가고 그 주변 지역에 아파트 단지가 들어서면서 내가 살던 완산시장과 강 건너 읍성 지역은 공동화되고 Y교도 겨우 학급 수를 유지한다(위). 그 지역에는 동부/ 포은 등 큰 규모의 초등학교도 보인다. 개발 위주의 경제 전략이 채택되면서 외곽의 싼 땅에 신 시가지가 조성되고 아파트가 들어서는 방향으로 가면서 많은 부작용이 노정되는데 인구 감소와 함께 또 다른 파고가 들이닥칠 듯하다.

고향가/ 故鄕歌

영천읍에서 대구(2)로, 그 후에 다시 서울(3)로, 나의 근거지는 옮겨 가지만 영천 이란 지역과 나의 연계는 아직까지 지속되고 있다. 얼마 전부터 나는 매달 서울에서 남쪽으로 가서 재 충전하는 시간을 가진다. 그 경로는 일단 서울에서 KTX로 동대구역에 내려서 다시 부산(4)으로 향하는데 돌아올 때는 부전 〉 울산(태화강역) 〉영천 노선을 가끔씩 이용한다. 다시 대구선(대구- 영천 간)을 타고 동대구역으로 가서 KTX를 타고 귀경한다. 어떤 때는 영천에서 1박하고 중앙선 청량리행 열차를 타고 귀경하기도 한다. 최근에는 고고학 관련 답사팀(1)에 합류하면서 그 노선은 타는 일이 좀 뜸해지긴 하지만 아직도 그러한 방식의 열차 여행은 계속된다.

나는 천성적으로 모임을 별로 좋아하지 않는 듯하다. 그래서 최소한의 모임만 참석하고 평생을 지낸다. 더 구체적으로 말해서 정기적인 모임 이란 것은 명절 때 친족 모임(아래) 외에는 아예 없었다고 할 수 있다. 그러다가 서울에서 한 집단에 속한 사람(1)(2)들과 재회(再會)하면서 본격적으로 정기적 모임 이란 것을 시작한 셈이다. 그 이후 모임에 대한 생각이 조금 달라진 듯하다. 특히 지역적으로 떨어져 있는 친한 사람들과는 월 1회는 아니더라도 연 1, 2회는 정기적으로 만나자는 방향으로 생각이 바뀐다. 그래서 영천의 친한 친구 둘(한 친구는 대구에 사는데 G있는 L전자 구미 공장 노조 위원장 출신이다)과 9월 모임(아래)을 실행한다(그 모임은 내가 개인적인 차원에서 만든 첫번째 정기 모임 이다).

10월 모임도 있다. 그 모임은 우리 친족들이 모이는 행사다. 원래 우리 가족은 어릴 때부터 명절이 되면 도암리(영천군 고경면 도암리)(여담 2)로 집결한다. 그 행사는 아버지가 돌아 가시기 전까지 진행되고 결코 열외가 있을 수 없는 절대적인 행사였던 것 같다. 할아버지 할머니가 계셨을 때는 말할 것도 없다. 이후 아버지가 돌아가시고 당시 우리 가족은 나와 바로 밑의 동생이 서울(3)에서 자리잡고 살고 있어서 약간의 논의 끝에 비로소 이른바 고향의 큰 집에서 분리된다. 나 기준으로 45년 만의 일이다. 그것은 한 시대가 마감되는 사건이라 할 만하다. 10월 모임은 그러한 일련의 변화와 관련이 있다.

우리 가족은 나 중심으로 재편되고 명절 때 어머니와 막내 동생이 대구에서 서울로 역 귀성하고 명절이 끝나면 돌아간다. 명절 때마다 엄청난 교통 체증을 겪으면서 귀성(3)하던 무리에서도 해방된다. 다만 당장 추석/ 설 두 명절의 차례 상과 가을의 기제사(아버지) 상을 차려야 하는 문제에 직면한다. 그것이 통상 집안 내에서 상당한 분란을 일으키는 실마리가 되기도 한다. 그러나 우리는 그것이 큰 문제가 되지는 않는다.

아내가 그 상 차리는 일을 별 압박감 없이 가뿐히 해 내는 듯하고 절차 문제도 큰 어려움이 없이 해결이 된다. 당시 일간지 명절 특집에서 상 차림을 상당 부분 다루어 주고(아래) 나도 차례 또는 제사 상의 격식에 대해서 나름 관심이 있어서 그 부분은 주체적으로 임한 것 같다.

당시 언론에서 차례 상은 조선조 말기의 과도함이 지속되는 오랜 기간의 관행에서 벗어나서 어느 정도 베이식하게 가야 한다는 분위기가 있었다. 그것은 차례/ 제사 참여자의 숫자가 급격하게 줄어든 현실을 반영하는 것이기도 한데 내가 주목한 것은 그보다는 차례/ 제사 상이 거의 밥상 수준으로 혼잡화(混雜化)되는 현상에 대한 대안일 수도 있다는 것이었다. 구조를 분석하고 해체하고 다시 재 구성하는 나의 방법(부록 2)을 조금 적용해서 도달한 결론은 언론의 선도적인 전문가들의 견해와 거의 일치하는 듯하다. 최근에는 그 베이식한 구성을 그대로 살리면서 그 하나하나를 아주 파인 다이닝 같은 수준 높은 아이템으로 재 해석한 상을 언론에서 접하고는 감탄할 일이 있다.

그러한 시스템은 내가 홀로 귀촌(4) 또는 가출을 감행하면서 흔들리기 시작한다. 그래서 더 진전된 대안을 채택해서 명절에 더 간단히 추모를 하는 방식으로 간다. 그러다가 고향의 큰 집이 주도해서 할아버지 할머니 아래의 친족들이 가족 묘원(여담 2)을 조성하는 것으로 결론이 모아진다. 고향에서 자리 잡고 사는 절친 K(위)도 벌써부터 묘소 관리 문제에 대해서 다른 방식이 있어야 한다는 견해를 밝힌 바 있는데 역시나 그 방향으로 간다. 그래서 아버지 어머니도 그 묘원으로 가게 되고 본의 아니게 나와 아내의 자리도 일찌감치 결정이 된 셈이다. 다만 아버지 어머니 아래의 손자 대인 딸 아이와 조카가 서울(3) 출신이라 그 지역이 매우 낯선 곳이란 것이 문제가 되지만 잘 적응하리라 믿는다.

처가의 장인(2/ 처가록)이 돌아가신 다음에는 당신 묘소가 의외로 영천으로 결정이 된다. 그래서 8월 모임 도 결성이 될 듯하다. 더 정확히 말해서 영천에서도 구 신녕현(3/ 외가록) 지역이다. 그래서 8월 모임/ 9월 모임/ 10월 모임 이 연속적으로 영천에서 이루어질 예정이다. 우리 쪽 친족의 묘원은 영천의 동쪽 지역이고 장인 어른은 서쪽 지역이긴 하지만 같은 영천으로 되어 매년 영천으로 가는 또 한 번의 연계가 구축된 셈이다. 기타 모임도 있는데 이름하여 경산회(3인)다. 원래는 매월 1회 정도를 시도한 모임이지만 그것은 지나친 욕심일 듯해서 일단 연 1, 2회 모임으로 조정이 된다(자세한 사정은 적지 않는다). 경산회가 창립할 때 1반 K(답사 팀, 1)가 창원에서 달려와서 한 시간짜리 기념 강연을 해 주었다.

형제전/ 兄弟傳

내게는 두 동생이 있는데 모두 남자다. 그래서 자라는 과정에서 여자 형제가 집에 도무지 없고 사촌 가운데는 여자가 있지만 멀리 있어서 잘 만날 기회도 없어 같은 세대의 여자들하고 소통하는 그 부분에 대한 경험은 상당히 부족하다. 어떻게 말하면 여자의 마음은 잘 모르는 편이라 할 수 있다. 여자의 마음을 좀더 잘 알았더라면 좀더 다른 경로로 나아갔으리란 생각도 든다. 딸이 태어났을 때(5) 비로소 아버지 어머니

밑에 첫번째 여자 아이가 등장한 셈이니 그 동안 집안 전체의 분위기가 얼마나 삭막했을 지는 미루어 짐작이 갈 것이다. 물론 내가 결혼한 다음에 집안에 여자 아이(며늘 아이)가 생긴 건 맞지만 경상도 지역은 특히 아직까지도 봉건적인 문화가 많이 남아 있다.

  외가가 서울과 관련이 있지만(3/ 외가록) 우리 가족 중에 서울 관련 역사는 바로 밑의 동생(아래)이 테이프를 끊는다. 서울 지역 대학을 택하기 때문이다. 서울의 메이저 대학 공대를 나와서 대 기업에 취직해서 평생을 다닌다. 결혼한 다음에는 수도권 신도시 지역에서 매일 서울로 출 퇴근하고 퇴직 이후에도 서울 시내에 개인 사무실을 잡아 놓고 매일 러시아워를 피해서 출 퇴근 아닌 출 퇴근 도장을 찍고 있다. 그 동생은 '지역으로 서의 서울'/ '중앙으로 서의 서울'(3)이란 잣대로는 처음부터 '중앙으로 서의 서울'로 온 집단에 속하는 셈이다. 공부한다 는 형과 사업한다 는 동생(막내)이 상당 기간 고전하는 동안에 비교적 평탄한 길을 걸어 대외적인 방패가 되어 준 건 감사할 일이다.

막내 동생(아래)은 대구가 주 생활권이었지만 어머니가 노후에 다른 두 형제와 관련 있는 서울로 옮겨올 때 같이 올라와서 서울 생활을 한 바 있다. 주로 내가 살던 곳인 연희동에서 살았지만 어머니가 돌아가신 후에는 홍대 주변에서 살기도 해서 짧은 시간 안에 서울의 한 핵심부를 집중적으로 경험할 기회가 있었던 것 같다. 홍대 주변은 지구 상에서 젊은 사람들 모이는 규모가 가장 큰 장소라고 해도 과언이 아닐 것이다. 그 지역에는 서울(3)은 물론 신 도시를 비롯한 경기도의 젊은 사람들도 수시로 날을 잡아서 와서 놀다 가고 전국 각 지역에서도 큰 맘먹고 친구들과 팀을 짜서 와서 놀다 가고 전 세계에서도 젊은 사람들이 개별 자유 여행(4)을 와서 놀다 가는 명소이기 때문이다.

바로 밑의 동생(위)은 상대적으로 차분한 편인데 우리 집안의 전체적인 기준에서도 상당히 차분한 편에 속한다. 어떻게 말하면 대인 관계나 사회 생활에서 우리 형제 가운데는 비교적 유리한 성격과 스타일을 타고 났다고 할 수도 있다. 더구나 심리학자들의 분석을 말하지 않더라도 맏이나 막내에 비해서 부모의 주목을 덜 받는 둘째들은 형제 간의 관계에서 이루어지는 대인 관계의 실전이 상대적으로 풍부하고 의외로 멘탈이 강하다는 평가를 받는다. 그래서 그런지 그 동생은 형제 중에서 겉으로는 유한 듯하지만 상당히 강한 멘탈을 보이는 경우가 있어서 놀랄 때가 없지 않다. 좌충우돌하는 스타일의 맏이와 막내에 비해서 형제 집단의 균형을 잡는 역할을 해서 보이지 않는 효도를 한 셈이다.

초등학교를 영천읍에서 나오고 중학교는 중간에 대구(2)로 옮기면서 평준화 고교 가운데 비교적 괜찮은 학교를 배정받고 고교도 같은 데를 들어가 안정적인 상황에서 성적도 상위권을 유지한다. 당시 이과의 상위권은 대부분 그 지역의 의대를 들어가서 그 지역에서 개업해서 그 지역의 부모에게 유리한 경제력을 업고 전혀 계획하지 않는 효도를 하는 것이 정석이지만 그 지역 의대를 마다하고 기어이 서울로 간다. 아마 나와 비슷하게 면 단위에서 읍 단위로, 다시 시(직할시) 단위로 간 경험이 있는 만큼 마지막 단계인 수도 서울(3)을 완성하고 싶은 욕구가 강력했을 수도 있다. 서울 유학과 사립대 학

비 때문에 부모님이 힘들었을 지는 모르지만 이후 임원직에 올라 비교적 오래 한 편이라서 그나마 다행이다.

현재 한국 IT 업계의 거물들은 대부분 1970년 전후에 태어난 인물들이다. 미국은 마이크로소프트 회장 빌 게이츠가 1958년생(마이클 잭슨과 마돈나도 같은 해이고 샤론 스톤도 같은 해다)이지만 미국과 우리나라는 당시 기술 수준의 시차가 있었기 때문에 1970년 이전 태생 인물은 아래 한글 개발자(그나마 미인과 결혼한다)를 제외하고는 별 인물이 없다. 경북고 동기(1)들도 그 때문인지 정치, 경제, 사회, 문화 가운데 경제 쪽은 대부분 기업의 경영인들이고 경제인에 속하는 오너들은 거의 없다. 여하튼 바로 밑의 동생이 회사 생활을 시작했을 때 마침 컴퓨터 란 것이 나와서 혹시나 좀 나은 자료가 있나 해서 내가 K대 도서관에서 관련 서적을 몇 번 빌려서 갖다 주는데 상당히 허접한 것이 대부분이었다.

그 동생은 몇 군데 기업을 잠깐 거쳐서 K있는 S그룹의 한 회사에서 초반 경력을 쌓는데 이후 IT 붐이 일면서 세계적인

IT 그룹이 한국에 진출할 때 엮여서 여러 번 직장을 옮긴다. 그 때마다 새로운 명함에는 영어로 된 회사 이름에 영어 어휘가 들어가는 부서 이름이 적히는데 나는 그것만 잘 들여다 보아도 당시 IT 업계가 대략 어떻게 돌아가는가 알 수 있을 정도였다. 다만 영어가 상당히 약한 어머니는 친구들이 아들 안부를 물어볼 때를 대비해서 하나를 겨우 외워 놓으면 얼마 후에 또 명함이 바뀌어서 또 외워야 하는 고충을 겪었다고 한다. 그러다가 동생은 한 SI(시스템통합) 회사에 안착해서 공공 부문의 영업을 담당하는 업무에 평생 종사한다.

나와는 정반대로 그 동생은 한번 맺은 인연은 결코 소홀하게 대하지 않는다는 원칙으로 살아온 것 같다. 1학년 때 대학 기숙사 친구들, 2학년 이후의 하숙집 친구들, K있는 S그룹에 가기 전의 여러 회사의 동기들, 그 그룹 이후의 여러 IT 회사(위)에서 근무한 동료들, 이후 마지막까지 오래 일한 회사에서 만난 사람들까지 모두 아직까지 연락하고 사는 듯했다. 각각 70/ 80대 초반에 돌아가신 부/ 모님의 장례식장에는 대외적인 활동을 거의 하지 않는 나와 막내 동생 쪽의 조문객은 거의 손에 꼽힐 정도인데 그 동생의 화환과 조문객이 밤새 이어지고 밤 12시가 넘은 시간에도 계속되어 우리와는 전연 다른 그 동생의 인간 관계를 엿볼 기회가 되었다.

막내 동생(위)은 명부 상으로는 초등학교/ 중학교를 모두 대구에서 나와서 나와 바로 밑의 동생에 비해서는 대구 사람이란 정체성이 훨씬 더 강하다. 어릴 때부터 세 형제 가운데 가장 활달하고 잡기에 능한 편이어서 동네 아이들의 딱지를 거의 다 따와서 라면 박스 몇 개에 보관할 정도였다. 우리 형제 가운데 머리로는 첫번째 두번째에 들어가지 못한다는 평가를 받고 그것을 기어이 대입에서 시현한 바 있지만 어떨 때는 머리가 가장 비상한 자가 아닌가 하는 생각이 들 때도 있다. 늦게나마 그것을 보여 준 바 있는데 적어도 기계를 다루는 데는 상당한 소질이 있고 컴퓨터와 IT 다루는 기술은 조카들을 상회할 정도인 것 같아 사람들을 놀래킨다.

어릴 때부터 겉으로는 사업을 해서 대성할 것 같은 느낌은 주었지만 의외로 엉성한 면이 있어서 조직을 이끌면서 대인 관계를 조정하는 데 생각만큼 강하지는 못한 것 같았다. 그 결과 사업 상 상당 기간 고전하면서 버티는데 대구(2)에서 서울(3)로 올라간 두 형을 대신해서 부모를 모시는 역할을 하면서 뜻밖의 효도를 하게 된다. 그래서 대외적인 사업보다는 컴퓨터와 IT 지식을 기반으로 해서 상당히 분석적인 두뇌를 풀 가동하고 전략적인 사고를 십분 발휘해서 의외의 부문에서 괄목할 만한 성과를 거둔다. 다만 그 연구가 상당히 오랜 기간을 요구하고 그간의 사업 부진의 영향 때문에 자금력이 문제되어 인고의 시간을 보낸 것은 분명하다.

또한 외국어 특히 음성 언어에 강한 면을 보인다. 나는 학문적인 수련의 일환으로 고전어 한문은 말할 것도 없고 영어/ 중국어/ 일어(2/ 어학행)를 습득하지만 자료 독해가 주업이라 음성 언어는 그다지 유창하지 않다. 그런데 그 동생이 서울로 올라온 후에 보니까 그냥 취미로 외국어를 하는데 일어는 모르지만 적어도 영어/ 중국어 는 나보다 훨씬 더 유창하게 구사해서 나름 적절하게 활용까지 하는 것을 보니 절로 탄식이 나온다. 홍대 근처에는 중국에서 개별 자유 여행(4) 오는 여성들이 적지 않은데 중국어를 잘 활용해서 좀더 진전된 결과가 나왔으면 했는데 거기서 다시 제주도의 신 제주 지역으로 근거지를 옮겨간다. 제주서도 그 외국어를 잘 활용할 기회가 분명히 있었을 테지만 자세한 것은 알 수 없다.

여하튼 막내 동생은 경제 란 측면에서 확고한 이론과 실천이 있는 자이고 그나마 세 형제 가운데서 재벌 또는 언론/ 대학/ 병원(종합병원) 운영자(이사장)(4/ 주식음) 만큼은 아니더라도 지역 기준으로 의사 정도의 대외적 후원(2/ 경고가)은 가능한 수준인 듯 보인다. 나는 그 동생을 만날 때마다 꼼짝없이 앉아서 한 두 시간 경제 교육을 받는다. 적어도 우리 모두가 추구하는 경제적 자유 또는 경제적 해방 이란 것의 이론 실천적 측면에서는 조카들에게 모범이 될 수도 있을 듯하다. 그동안 집안 경조사에서 나 대신 그 비용을 다 대주고 조카들 관련해서도 많은 축하금을 내주고 그 외에도 이리저리 많은 도움을 줘서 감사한데 하나 더 바란다면 답사팀(1반 K박사 팀, 1)에 조금만 더 후원해 주면 좋겠다.

여담 2

배 골

아직까지도 고려/ 조선 양조의 봉건적인 잔재가 남한(대한민국)의 공식적인 부문에 남아 있다. 호주제가 폐지(2008)된 것도 그리 오랜 일이 아니다. 당시 그것이 큰 뉴스가 되었다. 가족관계증명서 에는 등록 기준지 가 있고 본(本)도 나와 있다. 그 본 은 고려조 초기에 등장하는 본관제 의 본(本)인데 끈질긴 생명력을 자랑하고 있다. 외국인이 귀화해서 새로운 성을 사용할 때도 본을 어디어디로 정해야 하는 것 같다. 현재 주민등록표 에는 세대주가 존재하는데 여자가 세대주가 된 것도 그리 오래 되지 않는다. 1990년대 아내 K가 전세 대출로 집을 마련할 때 그 세대주 문제 때문에 동사무소에서 내가 좀 고생한 기억도 있다.

배골인/ 배골퀴

미국에서 나온 드라마(미드) 또는 리앨러티 쇼를 보면 그쪽은 문화가 완전히 다르다. 그들은 주로 이름을 부르고 젊은 사람들도 아무 거리낌 없이 늙은 사람(좀 실례되는 표현이기는 하다)을 이름으로 부른다. 또한 어떤 사람이 다른 한 사람을 만날 때는 물론이고 여러 사람을 만날 때도 상대방이 이름을 소개하면 거의 다 외워서 바로 이름을 부른다. 이름을 소개받고 나서 이름을 기억하지 못하면 상당한 실례다. 그래서 인지 영어 이름 또는 스페인 계 이름 정도가 아니고 또는 모음이 단순한 일본 이름도 아니고 모음이 복잡한 한국 이름을 소개받으면 매우 당황해하는 것 같다. 한국에서 한국 사람끼리 이름을 소개받을 때 아예 건성으로 듣는 경우도 적지 않다(명함을 받아야 그나마 이름을 외울 정도다).

  이전에는 한국 상층 사회에서 이름을 부르는 것이 금기였던 듯하다. 그래서 이름 대신 부르는 또 다른 이름인 자(字)가 있고 좀 유명한 사람은 호(號)가 있다. 대신 성은 비교적 마음 놓고 부르는 대상인 듯하다. 중국도 마찬가지다. 성씨의 성은 무엇이고 씨는 무엇인가 는 일단 뛰어넘고 성에 대해서 좀더 이야기해 보자. 역사를 통해서 원래 성은 좀 지체 있는 사람들이 사용한 것인 듯하다. 한국의 경우도 신라 때는 왕족이나 6두품 정도가 성이 있었고 고려조에 본관제(위)가 생길 때도 처음에는 어떤 지역의 유력층에게만 해당되다가 뒤에 점차로 기타 신분(3)으로 확산된다. 조선조에도 인구의 상당 부분을 차지하는 노비 계층은 아예 성이 없었다.

영국의 경우 왕족은 성이 있긴 하지만 특별한 경우에만 사용한다(결혼이나 소송 같은 경우다). 왕족이 학교에 가거나 군대(유럽의 왕족은 대부분 군 경력을 갖는다)에 가면 성이 필요하기 마련인데 그 때도 원래의 성보다는 작위의 지역 명을 사용하는 듯하다. 찰스 왕자(현재 왕)는 그 아버지의 작위(에딘버러공)의 에딘버러/ 윌리엄 왕자(현재 왕세자)는 그 아버지의 작위(웨일즈공)의 웨일즈/ 조지 왕자(현재 왕세손)는 그 아버지의 작위(케임브리지공)의 케임브리지 등등이다. 찰스(위)의 동생의 아이들이 최초로 성다운 성을 사용한다는 전언도 있다(할아버지 에딘버러공의 성 마운트배턴 이다). 최고의 지위는 무언가 다르다. 최고의 덕은 덕이 아니다(上德不德)란 말도 있듯이(아래) 최고의 성은 성을 쓰지 않는가 보다(上姓不姓).

지금은 손 이란 성이 그다지 밉지 않은 이미지로 자리 잡고 여자 연예인들도 손 이란 성을 그대로 노출한다. 당대 최고 미남(라떼의 신성일이 아니고 최근의 인물이다)과 결혼한 대구 출신의 살인 미소를 가진 예진예진한 미모의 여배우와 한 때 좀 날리던 담비담비한 매력의 댄스 가수는 무슨 일인지 손 이란 성을 그대로 노출하고 나와서 깜짝 놀란 적이 있다. 그 이전에는 대부분의 연예인 특히 미인 반열에 드는 여배우들은 어김없이 가명을 써서 손 이란 성을 가린다. 유명 피아니스트와 결혼해서 파리에서 살던 1960년대 트로이카의 한 사람인 여배우도 손 이란 성을 윤 으로 바꾼다. 그만큼은 아니지만 좀 보라보라한 이미지의 한 여배우는 금씨로 성을 바꾸어서 나온 바 있다.

여하튼 나의 어릴 때의 정체성은 상덕리와 도암리 사이의 그 무엇이지만(아래/ 고촌곡) 나는 또 하나의 정체성이 더 있다. 그것은 경북 영천군에서 또는 고경면(아래)에서 우리 친족집단은 대외적으로는 배골 손 이란 라벨이 붙기 때문이다. 영천 만이 아니라 타 지역에서도 내가 배골 손 으로 정의되는 경우가 있다. 서울(위)에서 경북 군위 출신의 한 사람을 만나는데 그 어머니가 내가 어디 사람인지 궁금해하셔서 영천, 고경, 배골 등의 어휘를 더듬거리는데 바로 배골 손 을 인지하고 관련 사항을 몇 마디 해 주셔서 속으로 놀란 적이 있다. 배골은 지명 이름이다(상리리/ 아래). 나는 조선조에서 내려오는 유교적 사고를 별로 좋아하지 않는데 그것과 상관없이 그 단어로 내가 정의되는 것은 분명한 일이다.

예나 지금이나 아이들은 단순해서 손 이란 성을 들으면 손/ 발 하면서 놀려댄다. 게다가 배골(위)이란 어휘도 어감이 그다지 산뜻한 편이 아니다. 다만 그 배가 배나무(이른 봄에 이쁜 배꽃이 핀다)를 의미한다는 것을 감안하면 이미지가 좀 달라질 수도 있다. 고경면(위)에서 그 마을의 공식 명칭은 상리(上梨)리 라서 배나무의 배인 것은 분명하다. 서울 신촌 E여대(아래) 이름이 한자로 배 이(梨) 꽃 화(花)란 것은 웬만하면 다 안다. 딸 아이도 E여대 계열의 부속초등학교는 아니지만 그래도 부고 비슷한 곳을 나왔는데 그것은 온전히 배골 손 계열 도암리(아래) 출신이 영천읍(여담 1) 대구시(2)를 거쳐서 서울(3) 신촌으로 간 덕분이다.

어릴 때 영천에서 대구 가는 길의 청천(아래)인가 어디쯤에 길가에 정려각이 서 있는 것을 본 적이 있다. 당시 기억으로는 오래된 비석이 들어가 있는 작은 건물이 좀 무서운 느낌이 들었다. 청천은 대구선(여담 1)이 지나가는 곳에 있는데. 영천 〉경산(하양) 〉대구 로 이어지는 그 노선은 내가 한 때 통학했던 길이다. 금호강을 따라가다 하양을 지나면서부터 대구 동촌까지 죽 이어지는 사과밭(능금밭)이 장관을 이루는데 거의 다 사라졌다(유럽의 한국학을 선도한 학자인 도이힐러 여사도 매우 아쉬워한 바 있다). 배골(즉 상리, 위) 도로 가에도 영천 배골 손의 정려각(위)이 서 있다. 마을 안에도 고택 등의 경관이 어느 정도는 있다.

좀 더 기억에 남는 것이 옥산서원(아래)이다. 아버지가 포함된 교사 집단(아래/ 고촌곡)은 일년에 몇 번 그 주변의 명소로 가족 동행 소풍을 가는데 그 곳(사진도 남아 있다)도 그 가운데 하나이기 때문이다. 그 서원은 영천에서 가까운 경주(양동마을인데 세계 문화 유산에 지정되고 유명세를 탄다, 도암리에도 양동 댁이 몇 있었다) 출신의 한 인물과 관련이 있다. 옥산서원은 그 마을 출신의 한 학자(높은 관직도 지낸다)와 관련한 경관이고 그 학자(회재 이언적)가 조선조 유학사에서 퇴계 이전의 주요 인물 이란 것을 아는 데는 상당한 시간이 걸렸다(대학원 때 한국 철학 수업 에서다, 부록 3). 이후 병산서원/ 도산서원 등의 안동(1)의 이름 있는 경관을 방문하고 그것이 그저 그냥 나온 것이 아님을 깨닫는다.

정자와 비석

도암리는 배골 손(위)의 집성촌인데 상리리(아래)에서 분파(1700년 전후다)되어 나온 집단이 300년 정도 세거한 곳이다. 영천- 포항 간 도로의 북쪽에 자리 잡은 마을(아래)인데 초입에는 당나무가 있고 바로 그 위에는 제법 큰 못이 있고(서쪽 방향이다) 다시 그 너머로 동운산(아래)이 있다. 동운산은 배골 손 의 문중 산이기도 하다. 동운산에는 비석이 서 있는 묘소가 한 두 기 있는데 여기서 말하는 비석은 요즘처럼 아무나 세우는 비석이 아니라 어느 정도의 요건을 갖춘 인물의 비석을 말한다. 조선조는 한 때는 2품 이상의 직위를 지낸 자만 비석이 허락되다가 이후 요건이 완화된다. 못에서 제일 가까운 곳의 비석은 현감을 지낸 인물의 것이고 건너 편 산(서운산)에도 같은 직급의 비석이 있다.

　마을에서 도로 쪽(영천 방향이다)으로 조금 더 간 곳은 이름이 다르다. 평지갓 이란 명칭인데 '펜지까시' 비슷하게 발음한다. 그 곳에서 북쪽 오솔길로 올라가면 동운산(위)의 뒷편인 서운산이 나온다. 평소에는 우리가 그 산으로 갈 일은 별로 없지만 마을의 친척들은 소 꼴 먹이러 가는 경우가 있었을 듯 하다. 가을에 직계 조상들의 묘소에 벌초할 때는 장비를 갖추고 그 산에 가서 한 나절을 보낸다. 그 외에도 묘사 같은 행사가 있는데 나는 별로 참가한 기억은 없다. 조선조에는 시제(時祭)가 중시되어 일년에 몇 번 조상을 모시는 행사가 있는데 점차 비중이 줄어서 설/ 추석으로 단순화 되는 과정을 밟는데 묘사는 그 중간 쯤의 무엇에 해당한다.

　마을(비로소 마을이다)은 주로 당나무(위)에서 서쪽 방향(못)

이 아니고 바로 북쪽 방향으로 올라가는 언덕 위에 자리 잡고 있다. 내가 어릴 때는 수십 가구가 살았던 것 같은데 요즘은 다른 농촌 마을처럼 빈 집이 많고 우리 큰 집(할아버지/ 큰아버지/ 큰 형님/ 큰 조카 4대가 그 집에서 살았다)도 도로 건너편의 천변(갱빈 이라 발음하는데 강변 인 것 같다)의 과수원으로 옮겨 가서 그 마을에 들를 일도 그리 없다. 큰 집은 언덕의 끝부분에 있어서 전망이 탁월하다. 그 아래로 마을의 다른 집이 보이고 그 너머 도로가 보이고 다시 그 너머는 논이 보이고 또 다시 그 너머로 천변이 보인다. 그 마지막 부분은 고촌천의 나즈막한 단애가 펼쳐져 있는데 금호강 합류 지점(영천읍)까지 죽 이어져 있다.

내가 어릴 때 즉 할아버지가 계실 때는 설/ 추석에는 친족들이 같이 차례를 지낸다. 당시 할배들(계자 항렬)은 대략 1900년 전후해서 태어나신 분들이다. 그 할배들은 두 세대를 소급하면 1850년대 당시의 인물(여기서는 존칭은 생략한다)들은 직접 인지한 것으로 볼 수 있다. 당시 그 마을에서 차례를 같이 지낸 집은 십여 집 정도였는데 일찍 세상을 뜬 할배 항렬

(우리 작은 할아버지가 한 분 포함된다)을 제외하면 대략 동강(아래)의 지파들의 가구인 듯하다. 당시 차례를 같이 지낸 집들은 할배 기준으로 그다지 멀지 않은 관계가 틀림없다. 지금은 그 지파들이 더 멀어졌지만 그 당시에는 또는 1850년(위) 당시로는 훨씬 더 가까운 사이였을 것이기 때문이다.

도암리(위, 아래)에도 드디어 경관(위)이란 것이 등장한다. 거의 300년 만의 사건이라면 사건이라 할 만하다. 도암리의 동운산 아래에 있는 못 옆에 정자가 서기 때문이다. 이름하여 동강정(東岡亭)이다. 그 정자는 좀 아담한 편인데 당시 바로 세운 것이 아니라 수몰 지구의 것인지 모르지만 좀 오래된 정자를 수배하고 인수해서 세운 것 같다. 여하튼 그 동안 그 집성촌에 경관이 부재했던 이유는 단순하다. 마을에서 친족 가운데 약진한 사람이 특별히 없었기 때문이다. 거꾸로 말하면 그나마 정자가 선 것은 마을에서 친족 가운데 한 사람이 어느 정도 위치에 오르고 아울러 친족들의 의사를 모으고 의견을 수렴하는 리더십을 발휘한 덕분이다.

도암리에서 친족들을 규합해서 동강정(위)을 세우지만 그 경관은 아쉽게도 오래 가지 못한다. 가장 큰 요인은 시대적인 것이라 할 수 있을 듯하다. 이미 우리 사회는 자본주의적 현대화를 겪은 지 오래고 조선조 방식의 친족 조직 이란 것은 시대에 뒤떨어진 것일 수밖에 없다. 다만 아쉬운 것은 우리 세대에서 지파(위)의 대표자를 모아서 평등한 지분을 약속하고 또 그것과는 상관없이 경제적 후원을 할 만한 사람 한 둘만 구했다면(전혀 불가능하지 않다) 그것은 충분히 지속될 수 있었을 것이다. 지파의 사람들이 분명히 멀지 않은 곳에 살고 있고 멀어야 서울 정도에 살 것이고 그 대표성이란 개념만 숙지하면 다른 사단법인/ 재단법인 에 비해서 의외로 간단한 일임에 틀림없다.

그 다음의 요인은 더 직접적인 것인데 그 마을의 마지막 헤게모니를 도모한 한 사람(약간의 사회적 지위와 대표성이 낮은 높은 항렬이다, 참고로 대표성은 낮은 항렬이 가진다)의 사적인 욕심 때문일 것이다. 당시의 묘사 같은 얼마 남지 않은 친족 행사를 둘러싸고 영향력을 발휘하려던 시도까지는 용인된다 하더라도 그것을 넘어서서 거의 300년 만에 들어선 그 경관을 밀어 없애는 결정을 주도한 것은 상당히 이해하기 힘들다. 그 첫번째의 경관을 대신한 무언가(그것에 대해서 자세한 이야기는 적지 않는다)는 어느 모로 보나 그 마을의 역사를 서둘러 청산하는 것이 주된 목적인 듯이 보인다. 여하튼 그 마을의 300년의 역사를 대표하는 경관은 잠깐 있다 사라진다.

그나마 두번째 경관(위)이라고 할 만한 것은 50대 이른 시기에 돌아가신 한 분(작은 아버지, 중부)의 비(아래)다. 그 비는 직계 후손이 약간의 경제력만 있으면 막 세우는 그런 비가 아니라 전국적인 위상의 여러 명사들(연세대와 감리교와 라이온스 클럽의 지도자 급 인원들이다)이 직접 모금해서 고인에게 애도를 표한 비이다. 평통자문위원(위)도 지낸 터라 봉건적인 방식의 정부 기관 직함도 그런대로 손색이 없다. 그 비석은 현재는 가족 묘원(할아버지 이하)(여담 1)에 옮겨져 있다. 그 옆 할아버지 비석도 큰 하자는 없다(조선조에도 추증 제도가 있어서 직계 조상 비석이 허락된다). 친족들이 거의 다 떠나간 그 마을에 더 이상의 경관이 들어서지는 않을 것이다. 나는 나의 책(부록 1)이 '책의 비'로 남길 바랄 뿐이다.

고촌곡/ 古村曲

나의 어린 시절은 고촌 이라 불리는 곳을 중심으로 전개된다. 원래 고촌면의 고촌 인데 고촌면과 인근의 청경면이 합해져서(1934) 고경면(아래)이 된다. 현재 고경면의 30개 리(마을) 가운데 하나인 상덕리가 이전에는 고촌면의 중심 지역이었던 것 같다. 내가 어릴 때부터 초등학교(국민학교)가 있었고 이후 중학교가 들어선다(1974). 농촌 인구가 점차 줄면서 중학교는 폐교된다(해선리에 통합 별빛 중학교가 보인다). 고경면 지역의 그 많던 초등학교는 대부분 폐교된 듯한데 그래도 역사가 오랜 상덕리의 그 초등학교는 바로 없애지는 못하는 것 같다. 나는 초등학교 교사였던 아버지가 그 학교에 근무해서 고촌(상덕리)에서 비교적 오래 산 셈이다.

고촌, 더 정확히 말해서, 고경면 상덕리(위)는 나의 어린 시절 추억이 가장 많이 남아 있는 곳이다. 지금은 호국로(면의 외곽에 국립 묘지 일부가 옮겨와서 그런 명칭이 붙는다)란 이름이 붙은 영천- 포항 간 비 포장 도로를 기준으로 초등학교는 그 남쪽에 있고 마을은 북쪽에 있다. 마을도 두 부분으로 이루어져 있는데 도로 가까운 곳이 바깥 마을이고 먼 곳이 안 마을인데 당시는 정월 보름에 바깥 마을/ 안 마을 대항 줄다리기 같은 세시 행사가 벌어진 것 같다. 내 기억으로는 거의 다 안 마을이 승리한 것 같은데 바깥 마을의 주 구성원인 교사와 가게 주인들 그리고 그 외의 약간 도회와 관련 있는 사람들보다는 안 마을의 농민들이 노동을 더 많이 해서 근육이 더 발달해서 그런 듯했다.

초등학교 바로 건너 편인 바깥 마을 초입에는 몇 개의 가게가 있었던 것 같다. 그리고 그 서편에는 교사 사택이 일자로 걸쳐 있다(도로 쪽에서 조금 들어간 곳이다). 각각 방 하나씩에 앞에는 툇마루가 있고 뒤에는 부엌이 붙어 있는 똑 같은 구조의 사택의 두번째 칸에서 우리 가족은 살았다. 낮에는 학교 운동장 아니면 집 반대편(동편이다)의 남 북으로 흐르는 조그만 개울가에서 주로 놀았던 기억이 난다. 다른 시골과 마찬가지로 여름에는 거기서 멱감고 헤엄치고 겨울에는 거기서 얼음을 지치며 논 것 같다. 그때 겨울은 지금보다 훨씬 더 추웠던 게 분명한데 대부분의 아이들이 손이 트고 얼굴과 손발도 약한 동상을 입은 경우가 많았다.

 더 위의 안 마을은 좀 미지의 영역이었는데 얼마 전에 한번 다녀온 적이 있다. 대부분의 현재 농촌처럼 빈 집이 많이 있고 주변은 과일을 재배하는 곳이 되어 있었다. 그전에도 주로 밭농사를 짓고 뽕나무를 심어서 누에를 기르고(전문 용어로 양잠 이다) 집집마다 잠실이 있었던 것 같다. 그 뒤쪽에는 다시 나지막한 동산이 있고 자주 가진 않았지만 거기서 화려한 색깔의 개구리를 본 기억은 난다. 초등학교에 입학한 다음에는 그 주변 리(마을)에서 온 친구들과도 어울리는데 면 소재지인 해선리 친구들도 많았다. 오일장은 해선리에서 열리는데 일년에 몇 번 밤에 가설 극장 공연 같은 것이 있어서 가서 보고 온 듯한데 공연 내용은 하나도 기억이 나지 않고 걸어서 돌아오던 깜깜한 길만 생각이 난다.

고경면(위)을 가로 지르는 고촌천은 영천읍(여담 1) 근처에서 금호강으로 들어간다. 한국의 다른 지역과 마찬가지로 영천 지역도 면의 이름을 포함한 주요 지명이 천(川)의 이름인 경우가 많다. 고경면(위)의 고촌천은 물론이고 신녕현(조선조)/ 신녕면(현재)(3/ 외가록)의 신녕천도 마찬가지다. 임고서원으로 유명한 임고면의 임고천도 그렇다(그 외 북안면, 대창면, 청통면도 마찬가지다). 고촌에서 남쪽으로 한참 가면 동도리(할머니의 고향이다, 이만희 의원도 그 마을 출신이라 한다) 그 근처로 고촌천이 흐른다. 마을에서 아이들이 놀던 개울도 그 천으로 흘러 들어가는 듯하다. 한 여름에는 아버지가 삼형제(여담 1/ 형제전)를 데리고 걸어가서 한 밤에 그 천에서 목욕하고 돌아오는데 하늘에서 별이 쏟아지던 것이 특히 기억에 남는다.

노자의 "도덕경"은 "덕도경"으로 구성되어 있는 판본(백서노자)도 있는데 도경/ 덕경 의 순서가 아니라 덕경/ 도경 의 순서로 되어 있다(부록 2). 덕경은 상덕부덕(上德不德, 최상의 덕은 덕이 아니다, 38장, 위) 이란 구절로 시작된다. 평생 동 아시아 지역을 연구해 온 나는 초반에 구 중국(2025, 25장)의 문학에서 시작해서 철학을 거치는데 석사 과정 논문은 장자의 "장자"로 쓰고 박사 과정 논문은 노자의 "도덕경"으로 준비한 이력이 있다(부록 3). 후자는 노자 "도덕경"을 구조적으로 분석하는 것인데 내가 어릴 때 초등학교 3학년까지 살았던 곳이 상덕(上德)리 였다니 단순한 인연을 아닌 듯하다. 그런데 위에서 본 것처럼 고촌이 상덕리이고 고경면 소재지가 해선리이고 해서 좀 혼란을 준 것 같다.

그런데 그것은 꼭 내 잘못만은 아닌 듯하다. 한국은 행정제도가 좀 혼란스러운 편이다. 광역 행정구역은 신라의 9주/ 고려조의 5도 양계/ 조선조의 8도 를 기초로 해서 나온 도가 중심이다(요즘은 특별시, 광역시, 도, 특별자치도 로 여러 가지 이름이다). 도 아래는 시/ 군 인데 이른바 자치단체에 해당한다. 원래는 미국과 일본의 시/ 읍/ 면(city/ town/ village 또는 市 /町/ 村) 제를 채택해서 시/ 읍/ 면 이 자치단체였지만 역사 상 군(목 부 군 현 이 같은 급이다)의 위상이 강했던 만큼 다시 군이 전면에 등장해서(1961) 시/ 군 이 자치단체가 되고 읍/ 면 은 그 들러리가 되어 버린다. 참고로 일본의 군은 실제적인 기능이 없는 명목 상의 구역이다. 미국의 카운티(county)는 우리의 군 정도가 아니다(법원, 검찰 등등의 주요 기관이 소재한다).

 더구나 북한과는 달리 남한은 시/ 군 과 그 시/ 군 소재지 읍 의 이름이 다른 경우가 있어서 혼란을 준다. 예를 들면 문경시/ 문경군(이전)의 시/ 군 소재지는 문경읍이 아니라 점촌읍이다. 그런데 북한은 군의 이름과 군 소재지 읍의 이름이 같아서 예외가 없다(예를 들면 함경남도 금야군의 군 소재지 읍은 무조건 금야읍이다). 남한은 어느 지역이든 외지인이 면 소재지를 찾아갈 때 이름이 두 가지 라 헷갈리는 경험을 할 때가 많다. 경상남도 산청군 시천면 소재지는 시천 이라 부르기도 하고 덕산(덕산리)이라 부르기도 한다. 위의 고경면의 경우 현재의 면 소재지는 해선리이고 이전의 면 소재지는 상덕리이고 고경면으로 편입된 청경면(이전에 청경국민학교가 있었다)의 면 소재지는 도암리(위) 였던 것 같다.

색인

0.01(%) ……………………………………………………… 101

150(등) ……………………………………………………… 35

1200(용어) ………………………………………………… 140

1953 ………………………………………………………… 134

1997 ………………………………………………………… 165

2000(BP) …………………………………………………… 129

2001 ………………………………………………………… 115

2018("한민족의 기원 연구")

2019("한민족의 기원" 개설)

2020 a("한민족의 기원" 해설)

2020 b("한민족의 기원" 해설 2)

2021 a("한민족의 기원" 지역론)

2021 b("한민족과 북방 기원" 북방설 비판)

2021 c("한민족과 북방 기원 2" 북방과 북국)

2022("한민족과 북방 북국")

2023("한민족에 대한 우리의 인식")

2024 a("3국, 3조선, 북방을 넘어서서")

2024 b("한반도 국가의 정치 군사적 조건")

2025("한국 사람")

4000(쪽) ·· 153

가 행 음 인 곡 사
고향가(여담 1) 어학행(2장) 주식음(4장)

배골인(여담 2) 고촌곡(여담 2) 서관사(부록 3)

기
경고기(2장) 귀촌기(4장)

록
처가록(2장) 외가록(3장)

론
동기론(1장) 강사론(부록 3)

전
형제전(여담 1)

가게	236
가든 형(일반 중국집)	91
가설 극장	237
가야 고분(유곡리 두락리)	91
가족 묘원	212, 234
가치, 기업 가치	95
가치, 사회와 가치	42, 185
강남 영동 광주(경기)	75
강독반, 새벽 강독반	47
강변(갱빈)	231
강변의 게스트하우스(칸차나부리)	119
강사, 강사 동료, 대학강사,	69, 181
강사 2, 학원 강사, 대중 강사, 연수원 강사, 실무 강사	149, 154, 182
강의전담교수	183
개구리	237
개발 위주	208
개별 자유 여행(배낭 여행)	106

개울가	237
개인 연구	33
개입	27
거란 키타이 캐세이 걸대	190
게릴라 공비	96
게스트하우스	86
결혼식	93
겸임 특임	31, 175, 181, 183
경관	229
경북, 경북의 기원	10
경북고	35
경산회	213
경쟁, 경쟁율	35, 36
경쟁력	165
경제 대 사회 문화	99
경제 교육	221
경제력, 큰 경제력 작은 경제력	54
경제적 자유, 경제적 해방, 경제적 권력	98, 221

경조사	25
경청 긍정 애정	22
계기, 수단 방법	153
고 아시아족	160
고 인류학	161
고경면, 고경중	235
고고학	131, 159
고고학 인류학 유전학	10, 150, 155, 159
고난	173
고대사	130
고도의 문명	129
고등교육재단	18, 78
고모	193
고인돌 선돌 암각화	12
고전	77, 79, 174, 214
고전, 고전 문헌, 고전어(라틴어, 한문), 고전학	43, 49, 149, 151, 167, 204
고촌, 고촌천	235, 238

고택, 고택 마을(남사리) ··········· 91
공공 부문, 민간 부문 ··········· 28
공동 저작 ··········· 153
공동화 ··········· 208
공무원, 하위직 공무원 ··········· 45
공부, 공부 더 해! ··········· 63, 147, 165
공부 운동 인품 ··········· 201
공세, 포획 ··········· 52, 53
과도기, 근대의 과도기(1885~1953) ··········· 135
과도기(1885~1910), 식민지기, 해방 분단 전쟁기 ···········

··········· 63, 64, 65, 135

과밀 ··········· 66
관광 목적 ··········· 106
관노비 사노비 ··········· 68
광안리 ··········· 93
광역, 9주 5도양계 8도 ··········· 239
교대 ··········· 179
교사, 교사 사택 ··········· 236

교실(랩), 중국 철학 교실, 중국 문학 교실, 동양사 교실,
의대의 각 교실 ······ 46, 48, 148, 153, 169, 172, 175

교실, 교실의 방 ······ 35

교양(꽃과 꽃이), 구청 동사무소 ······ 185

교양(liberal arts), 교양과정, 교양학부, 교양과목
······ 150, 161, 177, 180, 184, 185, 187

교양 과목, 전공 과목 ······ 184

교유, 책과 교유 ······ 9

교육, 경쟁 ······ 98

교육권 ······ 85

교육부 장관 ······ 71

교통편, 주변 투어 ······ 107

구 시베리아 신 시베리아, 고 아시아 ······ 160

구공사 ······ 111

구기동 ······ 74

구당서 신당서 구오대사 신오대사 ······ 160

구성, 서울 사람의 구성 ······ 63

구조 조정(혼합대) ······ 179

구조적 이해	151
국, 국의 통합	133
국립중앙도서관	16
국민학교	193
국방부 장관	77
국시집	19, 63
국장	78
국제 페리(천진, 위해, 청도, 대련)	110
국학 진흥원	176
군사	28
군위	81, 226
권외의 그룹	14, 29, 38
권헌익	161
귀성, 역 귀성	65, 210
귀촌 귀농 귀어	86
규격화 평준화	169
규슈	115
극장 쇼	195

근 현대 사상	170
근대, 근대의 과도기(과도기 1)	97, 135
근대인	158
근대주의, 근대주의자, 근대주의 딜레마	97
금융 자산	101
금정산	24
금지면	91
금호강	195, 231, 238
기나긴 여행	94
기본적 분석, 기술적 분석	95
기술 대학, 기술 대학 강사(겸임)	32, 178
기술 예술 체육	31
기원, 기원 이론	127
기원 공유	135, 136
기자 교수 의사(중간층)	100
기획, 더 큰 기획	155, 156
길 광풍	30
길랴크, 축치, 코랴크	160

김동길 김형석(이북 사람) ········· 158
김신조 황장엽(탈북민) ············ 158
김앤장 ································· 18
김우창 ································ 188
김정은 ································ 135
김주원 ································· 46
김철수, 전혜린 ······················ 30
김한규 임지현 이전 이종욱 ······ 132
김호동 ································· 48
김화영 ························ 188, 195
깐죽 ··································· 60
깜깜 ································· 237
꼬리 ··································· 97

나무와 숲(토인비) ················· 151
나훈아 남진 ························ 195
낙동강 ·························· 12, 195
낙양 안양 숭산 ···················· 110

난간, 노을	122
남명 조식	172
남중 여중	202
남초	118
남한 남한인(한국 사람)	134
내, 평지, 고인돌	132
내재론	128, 129
내편, 외 잡편	151
넓고 깊게(조동일)	150
네덜란드 촌	115
네번째 배낭 여행	93
노걸대	189
노자, 노자 텍스트(구조)	151
노태돈	31
논리학 분석철학 과학철학	41, 168
논문, 공동 저작	153
농간 편법 창궐(혼합대)	178, 180
농산물	55

농촌, 농촌 친화	201
누에 잠실	237
뉴질랜드 유학생	122

다 학문적(접근, 방법)	149, 150, 159, 185
다원일체	142
다카마쓰	115
단어	204
단위	124
단체 패키지 여행	106
달성	12
답사팀	10, 221
당나무, 못, 동운산	229
대 기업, 대 기업 본부	62
대 북국 대 중국 논	141
대 장정(저술)	127
대구, 대구시, 대구직할시, 대구 시장	35, 186
대구박물관	12

대구선, 영천 하양 청천 대구	208, 228
대구향교	47
대기업 재벌 회사	99
대남문 대동문	73
대도, 남경 중경 대도(북경 지역)	190
대만	109
대법원장, 헌재소장	17
대인 관계	215
대학원	165
대형 카페(북한산) 대형 카페(군위)	73, 81
도덕경 덕도경, 도덕경 텍스트	151, 171, 238
도발	26
도봉구 도봉산 도봉산 연봉	70
도심형 게스트하우스	87
도암리	229
도올 김용옥	172, 189
도이힐러	228
독서	43

독서신문	43
독야청청	25
독해 위주, 문법	50
동 아시아 지역 연구	166, 167
동 아프리카 산	90
동 투르키스탄	48
동강정	232
동거가능(레버리지)	96
동기, 동기회, 동기론	25, 28
동남 아시아	106
동도리, 목욕 별	238
동문 서문	196
동북부 서북부(서울)	68, 69
동상	237
동이 북적 서융 남만(4이)	160
동이전 한전	161
동창회 향우회	61
둘째	216

드라이브 ········· 69
디아스포라 동포, 디아스포라 비 동포 ··· 136, 156, 158
디아스포라 조선 사람(탈북민) ········· 64, 158
디아스포라 한국 사람 ········· 158
땅 속 ········· 131

라틴어 ········· 49
랩(교실), 랩 장 ········· 46, 48, 168, 172, 175
러시아어 러시아인 ········· 48, 160
레버리지 ········· 96
레스토랑(졸리 프록) ········· 119
로드 무비 ········· 90

마르크스주의 ········· 170
마쓰야마 ········· 116
마이너 언론사 ········· 100
마지막 헤게모니 ········· 233
말, 말죽거리 ········· 194

말갈 말갈계	157
매산, 사천	80
매운탕	11
머슴(대 기업)	99
멀쩡(경력)	32
메스티소	113
메이저 대학	165
멘탈, 강한 멘탈(둘째)	216
면 단위, 면장, 면장 관사	81
명변사조(언어, 논리)	171
명사 의사 희사	38
모임, 1반 모임	10, 19, 20, 25, 63
모임, 친족 모임, 8월 모임, 9월 모임, 10월 모임	209
모태	133
모호 , 불 확실(기원)	128
몸통	97
무심	79
무역회사	77

문어(위구르어) ·· 48

문자, 감사문자 ··· 18, 19

문학 사학 철학 ······························· 150, 166, 187

문학과 예술 ·· 30

문화 ·· 30

문화적 이질성 ··· 112

물가 차 ··· 193

물량전 ··· 152

미국 대학, 미국 학위, 미국 식민지(학문) ····· 166, 180

미국 주식 ··· 94

미국 할배 ··· 121

미얀마 식당, 미얀마 요리, 미얀마 국경 ····· 122, 123

민남어 객가어 ··· 111

민족, 민족 집단, 한반도의 민족 집단 ············· 156

민족어 ·· 167

민족학, 민족지 ······································· 159, 160

밑변, 꼭지점(조동일) ·· 150

박사논문	131, 171
반톡	25
발표	153, 158
방(교실)	35
방목 자유분방	169
방배동 카페	14
방법 방법론	147, 148, 149, 152
방콕 신 공항	119
방향 상실(한국 사람 만들기)	159
배골, 배골 손	226
배낭 여행	105, 115
배수의 진	51
백기완	54
백남준 황병기 황석영	30
백서노자	238
백운대 노적봉 원효봉 의상봉, 비경	73
버스, 버스 터미널	198
법원장	12, 16

벚꽃	179
베이식(차례상)	211
벤쿠버	88
보론	139
본 본관 본관제	223
봄여름가을겨울	172
봉건, 봉건적 문화	214
부고, 부고문, 장례식장	5, 16
부동산 비중	102
부록	127, 139
부산	24, 92
부속품	153
부전 울산 영천	208
북 인도, 네팔	112
북경어(만다린)	189, 190
북미 남미 호주	113
북방 북국, 북국 제국	191
북한 북한인(조선 사람)	27, 134

북한 통일 분야	27
북한산 북한산성	73
북핵	28
분류, 집단 분류	157, 158
분리	210
분산, 분산 배치, 행정부 공기업 연구기관	62
분석, 기술적 분석	96
분석과 전략	41
분포, 지역 중앙	61
비 정규 비 연구직(겸임 특임)	32
비, 책의 비	234, 235
비봉 순수비 추사 진흥로	72
비약, 비약의 기원론	130
빅 히스토리	185
빌 게이츠, 마이클 잭슨, 마돈나, 샤론 스톤(1958)	217
빌드업	150
4년제 2년제	177, 179

사과밭(능금밭)	228
사기 한서 삼국지	161
사모곡	79
사범학교, 교장	203
사변	149
사역원, 한어도감	190
사적 욕심	233
사하라 이남	113
사할린 동포	156
사회 문화	30, 99
사회주의, 사회주의적 현대화	64, 134, 135
산업화, 산업전사	64, 66
삼국사기 삼국유사	157
3한, 3한 지역	130, 131, 132
3한 일관론, 3한 복합체, 3한 통합기	132, 133
상덕리, 상덕부덕	238
상리리	227
상속, 상속세	102

상인, 농민, 성내	200
상인회장, 새마을금고이사장	55
상층	21, 22, 99, 100, 101, 106
상클라부리	123
상하 관계	99
생선	120
서관(문과대)	187
서문통	193
서양 철학, 동양 철학	167
서울, 지역으로서의 서울, 중앙으로서의 서울	61, 214
서울, 서울 사람, 서울말, 서울 사투리	59, 60
서울 수복	56
선, 선 판	51
선물 옵션	95, 97
선유리	86
선진 한대, 송명	170
섭렵	150, 151
성, 상성불성	225

성리학, 한국 성리학 ·················· 169
성명(서), 칼럼 ·················· 25
성장 ·················· 5
성품 인품, 성격 인품 ·················· 22, 201
세부 전공 ·················· 167
세시 ·················· 236
세토 내해 ·················· 116
소설 시 만화 ·················· 154
소수 민족 ·················· 110
소읍 ·················· 87
소주 항주 운하 ·················· 111
손예진 손담비 윤정희 금보라 ·················· 226
송파, 한성 백제 몽촌토성, 부여계 3한계 ······ 74, 75
수계 ·················· 196
수련, 학문적 수련 ···· 33, 43, 148, 166, 171, 175, 181
수리 조합 ·················· 81
수유리, 4. 19탑 통일 연수원 아카데미 하우스 ····· 71
수익률 ·················· 97

수학	40
숙소 식당(레스토랑) 카페	107
순창 남원 산청 진주 부산	90
순환매	95
술도가	80
스미스능선	56
스케치 식	109
스쿠터	122
스타벅스	92
습득	48, 220
시 군	239
시 읍 면, 시 정 촌, 카운티	239, 240
시고쿠	115
시기론	129
시베리아 발해연안 부여 남방해양	128, 129, 132
시베리아 대 해양(틀)	129
시제, 설 추석, 묘사	230
시천 덕산	240

시흥 시흥동 시흥선(서울 금천구) ·········· 75
식민 국가와 대체 국가 ·········· 32
식민지기 ·········· 63, 65, 66
신 비평 ·········· 46
신 제주 ·········· 221
신경림 한승원, 문인 ·········· 70
신고식 ·········· 199
신녕현 ·········· 81, 205, 212
신분, 신분 제도, 해체 ·········· 68, 225
신성일 ·········· 31, 226
실무 대 학문 ·········· 51
실무 강사(겸임 특임) ·········· 32, 181
쓰리 파고다 ·········· 123

아내 ·········· 52
아랍어 ·········· 48
아래 한글 ·········· 217
아리아족 ·········· 112

아산정책연구원	176
아연 민연	176
아프리카	113
아프리카(게스트하우스)	88
안내(출판사 서평)	140
안동 답사	14
알고리즘	154
알바거리	78
암사동, 을축 움집 즐문토기	75
압송	117
애증	20
야자수(정원)	121
약사(조선민족약사)	144
야심	98
약속 잡기	52
약진	170
양장본	13
양주군 광주군 시흥군 고양군(경기도)	64

양질 전화	153
양철집	122
애증	20
어탕(산청)	92
어학, 언어 습득	69, 147
언론 대학 병원	100, 221
에딘버러 웨일스 케임브리지(성)	225
에이원	122
엘리트 그룹	61
업종 종목	95
여 주인, 여 선배	88, 89, 91
여유당전서	157
여행, 여행 카페, 여행 작가, 여행기, 여행 서적	107
여행 인프라	107, 108
여행자 게스트하우스	86
역사, 역사 공부	147, 156
역사 공동체	141, 142
역사 공동체 한국(조선)	138, 141

역사 기획, 역사 체계, 역사 서사, 역사 만들기 ⋯ 155
역참 ⋯ 194
연구 교수 ⋯ 32, 153, 175
연구 기관, 행정부, 공 기업 ⋯ 62
연구 중심, 비 연구 중심 ⋯ 177
연등(화계사 도선사) ⋯ 71
연락 ⋯ 20
연명 작전 ⋯ 56
연운항 ⋯ 110
연합 ⋯ 201
연희동, 연희 고개, 연희 56고지 ⋯ 56, 72
연희동 신촌 홍대 앞 ⋯ 69, 124
영남대로 ⋯ 194
영동 영동교 영동 블루스 ⋯ 75, 203
영동교(영천) ⋯ 202
영어, 영어 독해 ⋯ 39
영어 유치원 ⋯ 118
영어 중국어 일어 ⋯ 49, 166

영업	218
영천 포항	236
영천역	193, 195, 198
영천읍	193
영천J교	197
예 맥 또는 예맥	157
오거리	193
오너가 멤버	98
오어 민어 월어 상어 감어(비 북경어)	189
오일장(해선리)	237
오후 세시	120
옥산서원 병산서원 도산서원	228, 229
와플	15
완산 시장	193, 195
왕족, 고위 실무 관원, 평민, 공노비 사노비	67, 68
외가, 외할아버지, 외할머니, 외삼촌, 외사촌	77, 79
외곽	201, 207
외교 안보	27

외국 요리 ·· 124

외래설 내재론 ······································ 128

외환 딜러 ··· 96

요 금 원 청(북 중국) ···································· 190

요녕계 부여계 ······································ 157

용어 ·· 127, 132, 140

우편 우체국 우정사업본부 ························· 15

운봉현, 인월면 아영면 ····················· 90, 91

웅진 부여 ··· 75

원 주민 ·· 89

원지 천왕봉 ··································· 91, 92

위구르어 ·· 48

위수 함양 화산 ···································· 110

위원장 ··· 209

유교, 노장 사상 ·································· 170

유교 걸 ······································ 199, 202

유니버시티 ·· 179

유동성 ·· 97

유산, 가출 방랑벽	85
유약우	46
유전학	162
유치원, 초 중 고교	124
유홍준	46
육아, 육아 전쟁	105, 147
윤리학	42, 168
은행원	53
음료 디저트	120
음성 언어	49
음악 미술 영화 사진	154
읍격	194
읍성	193, 196
의대, 지역 의대	216
2국가 2국민	133, 134, 135
2호선, 순환선	20
이건희(청동기 컬렉션)	12
이공계	174

이농, 전라도 경상도 충청도, 사투리, 2세 3세	64
이름, 자, 호	224
이북 사람	64, 134, 158
이사장	221
이대부초 이대부고	227
이태원, 대림동	65
이현혜 권오영 박대재 문창로	130, 131
인구, 인구 문제	180
인도 아 대륙	112
인도 유럽어	112
인류학	161, 185
인문 한국(HK)	32, 175
인문학	45, 148, 166, 174, 177, 179
인수봉 백운대 만경대, 삼각산	70
인천 다카마쓰	116
인천 천진	110
인턴 레지던트 펠로	181
인프라, 배낭 여행 인프라	107

1반 모임	10, 19, 20, 25, 63, 101
일광(부산 기장)	24
일반 대학, 기술 대학	178
일본, 일어, 일본 대학원	47, 107, 115, 166
일본 중국 동남아	23
일본식 주택	196
일탈, 일탈 여행	124
임원, 대표 부회장	98
입학 유예	117

자본주의, 자본주의적 현대화	64, 134, 135, 158
자서전 회고록	26
자유일보	26
자존심, 직업 상의 자존심	184
잘 가!	17
잠실	237
잠실(서울)	13
잡글	44, 154

| 잡기(비 학문) | 154 |

장 태 동 수 묘 요(한어 계통 소수 민족) ·········· 110, 189

장강 3협, 무한 3진, 황산 휘주, 상해 포동 ········ 109

장기 배낭 여행 ·········· 85

장기적 연구 ·········· 33

장례식장, 조문객 화환 ·········· 218

장사 운전 막일 ·········· 63

장인 ·········· 55, 56

장자 ·········· 151, 171, 239

장학금 ·········· 78

재미 한인, 재일 교포, 조선족, 고려인 ·········· 136, 156, 158

재미 한인 의사 ·········· 122

재회 ·········· 61, 63, 209

저가 숙박 ·········· 87

저본 ·········· 5

저술 ·········· 126

전경연 한경연 ·········· 19

전공 과목 ·········· 171, 181, 184

전달	13, 15, 18
전라도 인원	92
전략	47, 148
전망	231
전문직 대학원	178
전임(정규직)	165, 173, 175, 181
전통 의상	123
전통설 당대설	128
점촌읍 금야읍	240
정경대 법과대	187
정광	189
정교, 정교한 방식	96
정려각	228
정릉	74
정보 재료	95
정복자 기원	111. 113, 129
정원(청운정)	37
정원(졸리 프록)	121

정의, 한국 사람의 정의	133
정자 비석	229
정진 성취	33
정체성, 지역 계층, 지식인 인텔리겐차	60, 61
정치 경제 사회 문화	30, 217
정치 군사	141
정치적 조건(한반도 3조)	141
정치적 상황	133
정치학	168, 185
제비암	12
제주, 신 제주	221
조건, 정치 군사적 조건	141
조기 유학	116
조동일	150
조선 민족(한국 민족) 조선사(한국사) 조선어(한국어)	138
조선 사람(북한)	134
조선 사람 2(한국 사람 2)	136
조선사상전사(한국사상전사) 조선민족약사(한국민족약사)	137, 143

조양각	196
조의(중국 철학 교실)	173
조지아 주	29
졸리 프록	119
좀 허세, 좀 사기꾼	89
종합대학	179
주강 서강	110
주식, 주식음	94
죽장	196
줄다리기, 세시	236
중국(서부) 파키스탄 이란 터키	108
중국 일본 몽골(역사 공동체)	142
중국 철학, 한국 철학, 인도 철학	138, 168
중국어(한어 2)	189
중국정치사상사	170
중동, 북 아프리카	113
중산층	98, 99, 106
중앙, 중앙 기관	61, 62

중앙 아시아, 중앙 유라시아 ·········· 48

중앙선 ·········· 195

중학교 ·········· 202

증정 ·········· 14

지류 ·········· 12, 195

지상파(공중파) ·········· 187

지수 ·········· 95

지역론과 시기론 ·········· 129

지축동 ·········· 73

지파, 대표성, 후원자 ·········· 232, 233

지프차 중절모 ·········· 76

진 풍경(영어 유치원) ·········· 118

진행 중(기획) ·········· 156

진흥왕 진흥로 ·········· 72

찌라시 ·········· 95

차(순창 적성면) 차(남원 금지면) ·········· 89, 91

차기 ·········· 186

차례, 제사	211
차오프라야 강	111
차이나타운	93
찰방	194
참고 문헌, 용어와 색인	140
창궐	180
책, 책의 비	9, 235
처가, 처제	51, 56
천, 고촌천 신녕천 임고천 북안천 대창천 청통천	238
천변, 갱빈, 단애	231
청경면, 청경국민학교	240
청산	234
청운 청운정	34, 37
체류형	123
체육 유치원	118
초기화	105
최신 이론(고고학 인류학 유전학)	155
최장수	56

추사 김정희	72
추증	234
축약본, 속편	143
축하금	221
출산율	179
출판사 서평(안내)	140
충주 연천 철원	11
치앙마이	119
친족, 친족 모임	209, 210, 212, 226, 231
칠성암	12

카뮈	188
카스트제	112
카오산로드	107
카페, 여행 카페	107
칸차나부리	119
캡처 갤러리 클라우드	154
컨설팅(중국 철학 교실)	149

컴퓨터	217
코스피, 코스피 200, 코스닥	94
콜업(캡처)	155
키타이, 캐세이, 거란	190
탈북민(디아스포라 조선 사람)	64, 158
태국, 태국 북부	111
태국 요리, 태국식 커리	120
태족	111
텍스트	151
텐 바트 바	121
토박이, 전학	118
통상 무역 국가	105
토인비	150
통역 번역	51
통일, 반 통일	133
통학	198, 207, 228
퇴각, 퇴각의 변	94, 105, 147

특출 170

틀, 틀짜기 153

틀 그 자체(시베리아와 해양) 129

티베트 위구르 142

파란만장(고난) 173

파인 다이닝 211

파타야 아유타야 칸차나부리 119

패배, 패배한 전장 35

페낭 111

편승 탑승 107

평생교육원 185

평양설 3한설 129, 130

평지갓(펜지까시) 230

평창동 74

평화 시장, 구로 공단 64

포르투갈 108

포스코 케이티 삼성전자 네이버 95

포항	12
표명	162
피한지	117
필리핀	117

하부구조	21
하얼빈 삼아 노선	117
학계	30
학급 수	199
학문적 수련, 학문적 성취	33
학생회장(학도호국단장)	11, 14
학원 재단	178
한강 한수 한산 한주	67
한강 한승원	70
한국, 역사 공동체 한국(조선)	138, 141
한국 민족(조선 민족) 한국사(조선사) 한국어(조선어)	138
한국 사람, 한국 사람 2(조선 사람 2)	133, 134, 136, 137, 143, 171

한국 사람 만들기(근대인) ·················· 158
한국 한국인 논 ·················· 139, 143, 156
한국사 고대사 3한사 ·················· 130
한국인의 기원, 한국인의 발자취(한국 사람 2 또는 조선 사람 2)
·················· 137
한국인의 탄생(근대인) ·················· 158
한국인의 발견(현대 남한인) ·················· 159
한국학중앙연구원 ·················· 176
한문 ·················· 47, 166, 204
한반도, 한반도의 민족 집단 ·················· 128, 129
한반도 3조 ·················· 97, 135
한변 ·················· 25
한비야 ·················· 108
한성 한양 남경, 월대 유적 청계천 ·········· 66, 67, 193
한성 백제 ·················· 74
한어(한 장어) ·················· 190
한어 2(한아 언어, 한 이문, 북경어, 북경 관화) ·········· 190
한옥 형, 산장 형, 폐업여관, 저가호텔 ·················· 90

한우, 위스키	25
한족	142, 157
할인 항공권	108
해남도 삼아	117
해로(중국), 해로(일본)	110, 115
해방 분단 전쟁기	64, 65, 66
해변, 야시장	117
해선리	237
해양 민족(태평양)	113
해외 여행, 해외 여행 자유화	106
해체, 재 구성	152, 156
핵심(3한 지역)	132
행정 소방 경찰 학교	62
헌법(김철수)	30
헌법, 통일 전략	133
헤게모니	233
현감	81, 194, 230
현금 흐름	102

현대 사회와 가치의 문제	185
현대화	134
현물 선물 옵션	94
현생 인류	113
형제, 형제전	213
호국로	236
호남선	87
호주제, 본관제, 세대주	223
혹서기 우기 건기	119
혼성어(한아 언어, 한 이문)	190
혼잡화(차례상)	211
혼합대	176, 178
홍대 주변	215
홍보실	78
홍사오	120
홍콩, 어촌 조차지 반환, 난민 과밀	66
홍콩행, 홍콩 심천 광주 오주	110
화계사 도선사, 연등	71

화교(동남아)	111
화교학교	197
화북 화동 중남 서북 서남 동북	110
황하 하류 곡부 태산	110
회장 총무(1반)	21
회장단 총무단 회원(동기회)	28
회재 이언적, 양동	229
획일화(혼합대)	179
효도, 뜻밖의 효도	220
효도, 보이지 않는 효도(의대)	216
효성	55
후쿠오카	115
후원	11, 38, 55, 221, 233
희랍어 수업	70
히로시마 오카야마	116
희사	38
히말라야 산맥	112

AI	154
city town village	239
DIGEST	40, 47
HK, HK교수	32
HUMAN	112, 156
IT, IT 업계, IT 다루는 기술	217, 219
Jolly Frog	119
K게스트하우스	87
Koreans, South Koreans, North Koreans, ethnic Koreans	136
KTX	9
L호텔	13
LA	11, 14
M의 부엌	91
PPE, PPP	185
S병원	56
SI	218
SNS	154

SUPEX ··· 78
TMT ··· 160
Y교 Y중학 Y고교 ······························· 198, 203. 206

재
회

초판 1쇄 발행 2025. 8. 27.

지은이 손동완
펴낸이 김병호
펴낸곳 주식회사 바른북스

편집진행 황금주
디자인 최다빈
마케팅 송송이 박수진 박하연

등록 2019년 4월 3일 제2019-000040호
주소 서울시 성동구 연무장5길 9-16, 301호 (성수동2가, 블루스톤타워)
대표전화 070-7857-9719 | **경영지원** 02-3409-9719 | **팩스** 070-7610-9820

•바른북스는 여러분의 다양한 아이디어와 원고 투고를 설레는 마음으로 기다리고 있습니다.
이메일 barunbooks21@naver.com | **원고투고** barunbooks21@naver.com
홈페이지 www.barunbooks.com | **공식 블로그** blog.naver.com/barunbooks7
공식 포스트 post.naver.com/barunbooks7 | **페이스북** facebook.com/barunbooks7

ⓒ 손동완, 2025
ISBN 979-11-7263-543-5 03810

•파본이나 잘못된 책은 구입하신 곳에서 교환해드립니다.
•이 책은 저작권법에 따라 보호를 받는 저작물이므로 무단전재 및 복제를 금지하며,
 이 책 내용의 전부 및 일부를 이용하려면 반드시 저작권자와 도서출판 바른북스의 서면동의를 받아야 합니다.